NASCIDOS EM TEMPOS LÍQUIDOS

Obras de Zygmunt Bauman:

- 44 cartas do mundo líquido moderno
- Amor líquido
- Aprendendo a pensar com a sociologia
- A arte da vida
- Babel
- Bauman sobre Bauman
- Capitalismo parasitário
- Cegueira moral
- Comunidade
- Confiança e medo na cidade
- A cultura no mundo líquido moderno
- Danos colaterais
- O elogio da literatura
- Em busca da política
- Ensaios sobre o conceito de cultura
- Esboços de uma teoria da cultura
- Estado de crise
- Estranho familiar
- Estranhos à nossa porta
- A ética é possível num mundo de consumidores?
- Europa
- Globalização: as consequências humanas
- Identidade
- A individualidade numa época de incertezas
- Isto não é um diário
- Legisladores e intérpretes
- Mal líquido
- O mal-estar da pós-modernidade
- Medo líquido
- Minha vida
- Modernidade e ambivalência
- Modernidade e Holocausto
- Modernidade líquida
- Nascidos em tempos líquidos
- Para que serve a sociologia?
- O retorno do pêndulo
- Retrotopia
- A riqueza de poucos beneficia todos nós?
- Sobre educação e juventude
- A sociedade individualizada
- Tempos líquidos
- Vida a crédito
- Vida em fragmentos
- Vida líquida
- Vida para consumo
- Vidas desperdiçadas
- Vigilância líquida

Zygmunt Bauman
Thomas Leoncini

NASCIDOS EM TEMPOS LÍQUIDOS

Transformações no terceiro milênio

Tradução:
Joana Angélica d'Avila Melo

2ª edição

ZAHAR

Copyright © 2017 by Sperling & Kupfer Editori S.p.A.

Tradução autorizada da primeira edição italiana, publicada em 2017 por Sperling & Kupfer, Editori S.p.A., de Milão, Itália.

Grafia atualizada segundo o Acordo Ortográfico da Língua Portuguesa de 1990, que entrou em vigor no Brasil em 2009.

A editora não se responsabiliza por links ou sites aqui indicados, nem pode garantir que eles continuarão ativos e/ou adequados, salvo os que forem propriedade da Editora Schwarcz.

Título original
Nati liquidi: Trasformazioni nel terzo millennio

Capa e imagem
Bruno Oliveira

Preparação
Angela Ramalho Vianna

Revisão
Eduardo Monteiro
Carolina M. Leocadio
Adriana Bairrada

Dados Internacionais de Catalogação na Publicação (CIP)
(Câmara Brasileira do Livro, SP, Brasil)

Bauman, Zygmunt, 1925-2017
 Nascidos em tempos líquidos: Transformações no terceiro milênio / Zygmunt Bauman, Thomas Leoncini; tradução Joana Angélica d'Avila Melo. – 2ª ed. – Rio de Janeiro: Zahar, 2025.

 Tradução de: Nati liquidi : Trasformazioni nel terzo millennio
 ISBN 978-65-5979-156-9

 1. Civilização moderna – Século 21 2. História social – Século 21 ?. Mudança social – Filosofia 4. Pós-modernismo – Aspectos sociais I. Leoncini, Thomas. II. Título.

25-256514   CDD: 303.4

Índice para catálogo sistemático:
1. Mudança social : Sociologia 303.4

Cibele Maria Dias – Bibliotecária – CRB-8/9427

Todos os direitos desta edição reservados à
EDITORA SCHWARCZ S.A.
Praça Floriano, 19, sala 3001 – Cinelândia
20031-050 – Rio de Janeiro – RJ
Telefone: (21) 3993-7510
www.companhiadasletras.com.br
www.blogdacompanhia.com.br
facebook.com/editorazahar
instagram.com/editorazahar
x.com/editorazahar

Para Zygmunt, a quem devo tudo.
Para Aleksandra, Lydia, Anna, Irena, Maurice e Mark.
Agradeço à vida por tê-los conhecido.

THOMAS LEONCINI

Em 21 de fevereiro de 2017, um seminário internacional organizado pelo Kolegium Artes Liberales da Universidade de Varsóvia, na Polônia, celebrou a teoria da modernidade líquida elaborada por Zygmunt Bauman. Tomei a palavra para comentar os últimos trabalhos do meu marido, e comecei falando justamente da iniciativa de escrever, junto com um jovem, um livro sobre as gerações jovens, *Nascidos em tempos líquidos*. Contei sobre a correspondência entre os dois e sobre o empenho em completar o volume após a partida de Zygmunt para a "eternidade líquida". A sala estava lotada, transbordante, e muitas outras pessoas nos escutavam, em várias partes do mundo, conectadas via internet. O interesse foi grande. Creio que não poderia haver melhor augúrio para a longa viagem deste pequeno livro.

ALEKSANDRA KANIA BAUMAN

A existência corporal não terá realmente fim. Ela continuará exatamente como havia começado antes do aparecimento do meu corpo e antes do início do meu pensar, antes do meu "vir ao mundo". Continuará sob a forma da presença corporal de outras pessoas.

ZYGMUNT BAUMAN,
Mortality, Immortality and Other Life Strategies

· Sumário ·

1. Transformações na pele   13
Tatuagens, cirurgia plástica, hipster

2. Transformações da agressividade   37
Bullying

3. Transformações sexuais e amorosas   59
Derrocada dos tabus na era do amor on-line

Posfácio: A última lição   91

· 1 ·

Transformações na pele

Tatuagens, cirurgia plástica, hipster

THOMAS LEONCINI: Os jovens são a fotografia dos tempos que mudam. Impossível não os amar e odiar simultaneamente. De fato, eles são aquilo que mais amamos do nosso "ter sido", mas também aquilo que, em contraposição, detestamos porque não foi eterno, e sim apenas flutuante, líquido. Quando hoje analisamos o fato de termos sido jovens, somos vítimas de um relativismo cultural malogrado, impossível de se exercer de modo eficaz porque não existe só em função de um "nós" externo que nos encara ali na entrada do ego. Nosso olhar para os jovens é um olhar de pessoas liquefeitas, que inevitavelmente mudaram os próprios limites: somos fruto daquilo que as circunstâncias da vida fizeram de nós. Daquele *nós* que, no entanto, hoje já não faz parte do nosso presente, e por conseguinte não pode fazer nada além de se auto-observar na face dos outros. Se é verdade que a mente viaja por esquemas culturalmente orientados que nosso cérebro constrói para responder com rapidez a cada evento situacional (e a psicologia cognitiva diz isso), também é verdade que com frequência a intolerância em relação aos jovens passa também pelo pesar de não termos desfrutado, compreendido, observado nossa vida precedente antes de acabarmos inadvertidamente na atual.

E quando hoje encaramos um jovem, talvez no final do ensino médio, já não o vemos com aqueles esquemas mentais que usávamos em sua idade, mas com nossos esquemas totalmente liquefeitos, de pessoas diferentes, como se fôssemos *outros* em relação àquilo que éramos.

Dito de forma ainda mais simples: as características que os jovens mostram como impregnadas de presente são irreconhecíveis para nós, seja como indivíduos filhos do nosso desejo de autoafirmação, seja naquela realidade muitas vezes subestimada mas fundamental, porque penetrante e totalmente invasora dos olhares: a moda estética.

"Para mim, aparência é aquilo que realiza e vive", escreveu Nietzsche, e os jovens representam nisso a mudança de massa por excelência dos estilos e dos interesses ligados ao tempo presente, aquilo que até os antropólogos perceberam como o mais importante elemento de sua ciência do limite, incompleta e irrealizada em sua fragmentada inteireza pela própria definição, a ponto de transformar a antropologia, de física, biológica e paleoantropológica, em antropologia cultural e social. E os jovens são os mais representativos exemplares daquilo que seremos hoje e amanhã. Aristóteles já definia o homem como incompleto.

Mas o desejo de completude (vão e ilusório, é certo) está presente desde o alvorecer da civilização. Então, que coisa melhor que nosso corpo é lugar de encenação do eu? O senso estético, não nos esqueçamos, sem dúvida é em parte subjetivo e em parte objetivo, mas é também sobretudo cultural e coletivo.

Com frequência fala-se do fenômeno estético como a moda mais representativa da era moderna, mas as modas são antropopoiéticas*, fazem parte de um ser humano que constrói conscientemente o seu *ser* humano. Desde seu aparecimento, o homem se recusou a deixar o próprio corpo tal como é, e sempre se preocupou, mais ou menos baseado na cultura dominante, em intervir nele. Até o banho todas as manhãs não passa de uma representação da relação que o

---

*Antropopoiética: termo introduzido e difundido na Itália pelo antropólogo Francesco Remotti.

Nascidos em tempos líquidos

homem tem com o próprio corpo, a necessidade de mudá-lo em relação ao natural "fluir das coisas": de fato, a antropóloga inglesa Mary Douglas escreveu, quanto a isso, que a higiene não é somente uma questão de progresso científico.

As modas estéticas, assim como as culturais, são modas dinâmicas, e por isso é útil começar do ponto de conflito, da centelha, da explosão que leva à gênese da reformulação cultural, irrompida a partir do abraço (letal para os modelos do passado) entre modelos próprios e modelos de massa. Estes últimos invadiram o mundo adulto por meio de imitação, de contágio ou envelhecimento natural.

Um exemplo representativo de uma das modas mais atuais são as tatuagens, difundidas entre aqueles muito jovens e daí para os jovens e até os adultos.

Três entre dez americanos têm tatuagens, e a maior parte deles não se limita à primeira. Esses são alguns dos resultados de uma pesquisa recente assinada pela The Harris Poll, segundo a qual as tatuagens parecem no mínimo indispensáveis para os jovens nos Estados Unidos: quase metade dos millennials (47%) e mais de um terço da geração X (36%) têm pelo menos uma. Por millenials entende-se a famosa geração Y, aquela que nasceu entre 1980 e 2000 – a gênese daqueles que nasceram nos atuais tempos líquidos –,

Transformações na pele

enquanto por geração X se entende aquela que nasceu aproximadamente entre meados dos anos 1960 e final dos anos 1970/início dos anos 1980.

Entretanto, somente 13% dos baby boomers (nascidos entre 1946 e 1964) têm tatuagem. Como se sabe, os limites nessas definições nunca são estáticos, assemelham-se mais a algo impreciso, líquido – já que estamos nesse assunto. Com seus altos percentuais, os millenials e a geração X vão prolongar bem essa tendência; portanto, dentro de alguns anos, os dados sobre os cinquentões, sessentões, setentões e oitentões tatuados estarão no mínimo distorcidos. Outros confrontos interessantes que emergem da pesquisa: o hábitat não tem nenhuma influência sobre os americanos se a moda é tatuagem. Quer vivam no campo, quer na cidade, não há diferenças significativas ou representativas. O mesmo vale para a orientação política: republicanos (27%), democratas (29%), independentes (28%).

Em relação à Itália, dados recentes vêm do Istituto Superiore di Sanità: treze entre cem italianos têm tatuagens. Calculadora na mão, os italianos tatuados são cerca de 7 milhões. As tatuagens são mais difundidas entre as mulheres (13,8% das entrevistadas) que entre os homens (11,7%). A primeira tatuagem é feita aos 25 anos, mas o maior número de tatua-

Nascidos em tempos líquidos

dos está na faixa dos 35 aos 44 anos (29,9%). Cerca de 1,5 milhão de pessoas têm entre 25 e 34 anos. Entre os menores de idade, o percentual é de 7,7%. A maioria está satisfeita com a própria tatuagem (92,2%), mas um elevado percentual, que chega a 17,2%, declarou desejar removê-la; destes, 4,3% já o fizeram. Os homens preferem tatuar-se nos braços, ombros e pernas; as mulheres, sobretudo nas costas, nos pés e tornozelos. Um entre quatro tatuados (25,1%) reside no norte da Itália, 30,7% têm diploma universitário e 63,1% trabalham. Um total de 76,1% procurou um centro especializado e 9,1% um centro estético, mas chegam a 13,4% os que fizeram a tatuagem fora dos centros autorizados. Também no caso italiano não se registram detalhes relevantes quanto à posição política a imprimir como marca sobre a pele, como sinal de pertencimento a um ideal jamais traído. No entanto, quem não se recorda de todas aquelas tatuagens como força representativa de coesão política, de um credo? Hoje tudo isso desapareceu, o "móbil" político da tatuagem é um aspecto desaparecido em nossa modernidade líquida.

De fato, hoje o tema político foi completamente redesenhado – talvez fosse melhor dizer (com mais *páthos*) "reestruturado" – pela individualidade. E isso porque o limite entre esfera pública e esfera privada foi subvertido na raiz. Nos-

Transformações na pele

sos problemas privados invadem cotidianamente a esfera pública, mas isso não significa que nossos problemas se tornem os problemas dos outros. Muito pelo contrário: nossos problemas continuam nossos. Significa antes que, graças a essa nossa "mendicância" da esfera pública, destruímos literalmente o espaço de todos aqueles assuntos que são de fato pertinentes à esfera pública. O resultado é a morte da política entendida como ação política do cidadão no interior do debate público. Hoje, os nascidos em tempos líquidos se movem somente no interior da própria individualidade e buscam arduamente autenticá-la para invadir a esfera pública, na ilusão de que possa haver uma solução universal e compartilhada por todos do seu existir incompleto.

É natural perguntar-se: por que as tatuagens se tornaram uma necessidade para quem deseja ser homologado pela estética da modernidade líquida?

ZYGMUNT BAUMAN: Todas as modalidades emulativas de manipulação do aspecto público do próprio corpo (ou daquela parte, impressa sobre o próprio corpo, da "representação do eu na vida cotidiana", como preferia defini-la Erving Goffman) que você tão agudamente registrou e listou até aqui, novas, surpreendentes e fadadas a um destino efêmero (embora, como já observava Baudelaire há mais de um século e meio, todas visem captar a eternidade num instante fugidio), nascem da humana, demasiado humana, reelaboração moderna da identidade social de *dado* para *tarefa*: tarefa que hoje se espera e se considera necessária e obrigatória para seu portador individual, com o emprego de modelos e materiais brutos socialmente fornecidos, numa complexa operação de "reprodução criativa" identificada pelo nome de "moda".

Como sugeriu aquele que foi provavelmente o maior historiador do século passado, Eric Hobsbawm, desde quando o conceito de "comunidade" começou a ser relegado às margens do pensamento e da práxis social (e sua extinção foi até profetizada pelo então muito influente sociólogo Ferdinand Tönnies e pela multidão de seus seguidores oitocentistas-novecentistas) surgiram o conceito de "identidade" e a práxis da "identificação do eu" para preencher o vazio que seu preconizado desaparecimento abriria nas rotinas vigentes de posicionamento e classificação social.

TL: Comunidade e identidade são separadas por um limite que muitas vezes, em nossa sociedade, parece intransponível...

ZB: A diferença entre comunidade e identidade é formidável. Em tese, a primeira é categórica e coercitiva, na medida em que determina e define previamente o *casting* social do indivíduo; a outra, presume-se que seja "livremente escolhida", uma espécie de "faça por si mesmo". Essa recolocação conceitual, porém, não elimina a comunidade dos processos de posicionamento social e sua relativa expressão, tanto quanto visa reconciliar os (deveríamos dizer *inconciliáveis?*) desafios do "pertencimento" com a *auto*definição combinada à *auto*afirmação.

É daí que derivam a inclinação endêmica, insanavelmente geradora de conflitos, as complexas dialéticas e as surpreendentes dinâmicas, a capacidade criativa e a irreparável fragilidade do fenômeno da moda; e é por este último que elas são sustentadas e alimentadas.

Em minha opinião, ninguém nos forneceu a mais detalhada e ainda atual vivissecção da moda como produto (imposto, por sua natureza, a uma incessante renovação) que a dialética de pertencimento e individualidade de Georg Simmel, que escreveu e publicou entre os séculos XIX e XX, isto é, na fatídica era da passagem de uma sociedade de produtores para uma sociedade de consumidores; aquela dialética até hoje reproduzida por nós, enquanto

Nascidos em tempos líquidos

por nossa vez somos por ela reproduzidos, forjados e refinados.

TL: Quando assistimos a uma partida de futebol, é difícil estabelecer se primeiro nos chama a atenção a bola que rola de um lado para outro ou as tatuagens dos jogadores. Mas também a barba de hipster, que agora parece um pouco mais curta em relação a poucos anos atrás, é outra tendência internacional que está fazendo os barbeiros reabrirem suas barbearias.

ZB: Os campos de futebol são hoje os lugares mais maciça e regularmente frequentados no mundo. Não surpreende que quem queira encontrar uma possível solução para a problemática universal de que estamos falando aqui olhe nessa direção, investindo nisso esperanças de chegar a conclusões confiáveis, em virtude do número dos (apaixonados e, na maioria, satisfeitos) frequentadores.

E o que dizer do corpo como lugar cada vez mais predileto, sobre o qual colocar os sinais de esperanças e expectativas, de tal modo que o insolúvel dilema de conjugar pertencimento e autoafirmação, permanência e flexibilidade/capacidade de manipulação da identidade encontre solução, ou pelo menos se aproxime o máximo possível de uma solução? A vestimenta assinala a própria capacidade e disponibilidade de renunciar aos símbolos da identidade atual em favor de outros, e de imediato; permite e demonstra até a própria capacidade de encarnar paralelamente uma série de identidades diferentes.

Os símbolos de decisões identitárias gravados no próprio corpo sugerem, ao contrário, que a identidade que eles implicam é – para o sujeito portador – um compromisso mais sério e duradouro, e não somente um capricho momentâneo. A tatuagem, milagre dos milagres, assinala ao mesmo tempo a intencional estabilidade (talvez até a irreversibilidade) do compromisso e a liberdade de escolha que caracteriza a ideia de direito à autodefinição e ao seu exercício.

TL: Em diversas zonas do mundo (e penso particularmente na África) um homem sem escarificações é considerado uma nulidade para todos os efeitos. Como escreveu Giorgio Raimondo Cardona em 1981, "para os Bafia, de Camarões, um homem sem escarificações não é diferente de um porco ou de um chimpanzé". Além disso, outro aspecto fundamental, quando se investigam as "modas", é como se mostra diferente, para muitos povos, o *tornar-se homem* do *ser mulher*. Ser homem é conquista, julgamento final depois de um longo e suado exame. Ser mulher é um inevitável percurso de rotina, com resultado garantido. Ao menos a suficiência assegurada para todas. Diante de frases como a que acabamos de citar, somos então propensos a julgar mal a outra face da cultura global, e isso, em minha opinião, só porque nos esquecemos do relativismo cultural identificado como pedra angular da antropologia contemporânea por Claude Lévi-Strauss em *Tristes trópicos*. O relativismo cultural é a atitude segundo a qual comportamentos e valores, para serem compreendidos, devem ser considerados em seu contexto amplo, no qual ganham vida e forma. Somos críticos em nossa casa e anticonformistas em casa alheia, e é por isso que, se formos a Camarões e observarmos práticas como escarificações, canibalismo, ritos de magia, já não nos chocamos tanto, porque são postos em prática pelo *outro*. Também o conceito de controle cultural (para citar a teoria de Roger Keesing) nos influencia enormemente: vemos e observamos somente as características do dominante, quase nunca as da minoria.

Voltando às escarificações e tatuagens, o conceito é: quanto mais a pessoa sofre para alcançar seu status (nesse caso, fortemente permeado pela identidade de gênero), mais ela é digna de carregar-lhe a marca, mais tem a honra de fazer parte dele. Essa necessidade de "gravar" sobre o

Transformações na pele

próprio corpo com dor consciente, quase como se fosse uma flagelação com o objetivo de obter uma nova identidade, você não a considera comparável, ao menos de modo inconsciente, à exigência de tatuar-se manifestada pelo homem moderno?

ZB: Sim, creio que você tem razão, e sob vários aspectos (embora, se quiser encontrar antecedentes medievais para a tatuagem, deva observar de preferência o *branding** – e, também este, com as devidas cautelas – e *não* a flagelação!).

Nas últimas décadas, o debate sobre a questão da dialética da moda foi conduzido, nas ciências sociais e na psicologia, em estreita conexão com a chamada "guinada do *embodiment*". E, de fato, onde é que o enlace entre pertencimento e individualidade, permanência e transitoriedade – as duas contradições formadoras que estão na base do fenômeno moda – encontra manifestação mais plena e ao mesmo tempo mais intrusivamente visível que em nossa contínua faina sobre a representação dos nossos *corpos*, ou pelo menos na quantidade de pensamento e energias que tendemos a investir nisso?

* *Branding*: marcação a fogo.

TL: Tatuagens e barba, mas obviamente não só. Outra pedra angular da moda contemporânea é o recurso cada vez mais frequente à cirurgia plástica. Sobre seu significado em nossa sociedade, teve boa aceitação, inclusive no âmbito acadêmico, a teoria de France Borel, segundo a qual a cirurgia estética, sobretudo se reiterada, é a manifestação mais violenta e camuflada da tendência à automutilação, escondida sob a capa da medicina oficial. O indivíduo não aceita o próprio corpo tal como é, e paralelamente busca também um desafogo para a própria exigência de "autodestruição" (Freud a denominou pulsão de morte). Através da "máscara" da medicina oficial, segundo essa tese, a pessoa pode satisfazer essas duas necessidades e ao mesmo tempo se sentir parte da cultura dominante, que quer criar uma forma de beleza segundo cânones preestabelecidos e identificados como os melhores. A cultura dominante é, por conseguinte, a arma que legitima, através da "moda", a sinergia "autodestruição" e "humanização" da beleza, rumo ao estereótipo do modelo de beleza ideal.

ZB: Noto que você (e não posso contradizê-lo) encara as atuais manias de tatuagens e de futebol, com a cumplicidade da cirurgia plástica e da barba nunca (por enquanto)

Transformações na pele

definitivamente mais curta ou mais comprida, como a representação-chave das correntes que dominam o cenário hodierno da história da moda e como o terreno preeminente no qual o jogo da moda é hoje experimentado, encenado e tornado publicamente visível e acessível à apropriação e à emulação.

TL: Eu diria que são pelo menos as transformações mais óbvias, aquelas que envolvem com maior evidência um grande número de "massas" atuais. Segundo os últimos dados relativos à cirurgia estética levantados e difundidos pela Sociedade Americana de Cirurgiões Plásticos (Asps, na sigla em inglês), entre os adolescentes americanos (de treze a dezenove anos), o percentual de meninos e meninas que recorrem à plástica aumenta pelo menos 1% a cada ano.

Há dados muito curiosos: cada vez mais jovens odeiam as próprias orelhas. Nada menos que 28% dos muito jovens que se submetem a intervenções o fazem no âmbito da otoplastia, e a tendência vem tendo há alguns anos um constante aumento de 3%. A orelha é um órgão muito particular, e talvez a natureza do desconforto possa ser delineada entre duas explicações: uma psicológica – mas talvez também um pouco metafísica demais (afinal, a orelha não nos obriga a escutar os outros, mesmo que não queiramos?) – e outra puramente fisiológica. Mas, anatomicamente, qual é o problema das orelhas?

ZB: A suposição de que "psicologicamente a orelha nos obriga a escutar os outros" me parece inverossímil e forçada. Eu preferiria focalizar as orelhas como partes do corpo que se salientam do modo mais inoportuno, e portanto também mais irritante: afinal, fazem isso obviamente sem pedir permissão ao proprietário delas, e muito menos sem o seu comando! Assim, se diferirem do modelo hoje preferido (ou seja, aquele momentaneamente na moda), fornecem uma prova patente da humilhante inadequação de seu proprietário e da negligência dele em relação ao dever de controlar o próprio aspecto, ao menos aquele que deve ou pode ser publicamente visível.

TL: Quanto à cirurgia plástica em adultos, os últimos dados dizem o seguinte: a partir de 2000, a Asps mostrou estatísticas com um notável crescimento das intervenções: a mastoplastia de aumento cresceu 89% (99.614 em 2015 contra 52.836 em 2000), o lifting nos glúteos subiu 252% (4.767 em 2015 contra 1.356 em 2000), o lifting nas partes íntimas aumentou 3.973%

Transformações na pele

(8.431 em 2015 contra 207 em 2000). As exigências mudam com a idade, mas o negócio da cirurgia plástica parece ser o senhor dos tempos.

ZB: Não existe negócio como o negócio da cirurgia plástica...* A cultura contemporânea da sociedade dos consumidores é governada pelo preceito: "Se você *pode* fazer, então *deve* fazer". A ideia de não aproveitar as oportunidades disponíveis para "melhorar" o aspecto do próprio corpo (leia-se: aproximá-lo da moda dominante no momento) é implantada como algo repugnante, desprezível: tende a ser vista como degradante, lesiva ao valor e à estima social do "culpado". A consciência desse estado de coisas, por conseguinte, é também um golpe fatal, humilhante e doloroso contra a própria autoestima.

Esse estado de coisas, repito, está estritamente conectado ao fato de sermos uma sociedade de consumo: se o mencionado preceito não fosse observado de maneira maciça e intensiva, a economia consumista entraria em crise, ou até desabaria, não conseguindo perpetuar-se. A

---

* Bauman parafraseia aqui o estribilho da canção de Irving Berlin *There's no business like show business.*

economia consumista prospera (ou melhor, sobrevive) graças ao mágico estratagema de transformar a possibilidade em obrigação; ou, para usar o léxico dos economistas, a transformar oferta em demanda. O fenômeno da moda – no caso específico de determinar os modelos coercitivos do aspecto exterior do corpo com base nas oportunidades disponíveis fornecidas pela indústria de cosméticos e pela cirurgia plástica – exerce um papel crucial para fazer com que essa miraculosa conversão ocorra sem estorvos.

Mas, fundamentalmente, ainda estamos nos movendo no mesmo terreno que já percorremos quando tentávamos enfrentar as questões sugeridas pela sua primeira pergunta. Tudo o que dissemos sobre as causas últimas da mania hodierna das tatuagens vale também para a mania das intervenções cosmético-farmacêutico-cirúrgicas – entre parênteses, em nosso mundo caracterizado pela substituição da compreensão autêntica, profunda, pelo "navegar", ambas as manias operam sobre a superfície do corpo, e muito poucos hoje criticariam tal superficialização. Na base das duas vogas/modas/empolgações encontramos a dialética de pertencimento e autodefinição e as lógicas da moda e do *embodiment*. Impõe-se, porém, outro comentário: os números que você citou assinalam – e isso é interessante –

Transformações na pele

uma instabilidade, e portanto a possibilidade de uma mudança ou até de uma inversão de tendência. Os índices estatísticos podem subir ou descer (de novo, movidos pelas alternadas vicissitudes da economia consumista, com sua nem um pouco desinteressada pulsão por inventar sempre novos mercados para sempre novos produtos dedicados a satisfazer sempre novas exigências). Muito provavelmente os fenômenos aqui registrados são temporários; modos hodiernos de se apresentar por parte de tendências mais duráveis, que apregoam maior expectativa de vida.

TL: Há outro aspecto da cirurgia plástica que merece atenção. As garotas muito jovens de hoje se revelam frequentemente (e cada vez mais) orgulhosas das intervenções estéticas. Até poucos anos atrás, a tendência não era essa; pelo contrário, era diametralmente oposta. Basta entrar em qualquer rede social, em particular no Instagram, e digitar *hashtags* como #lips: assiste-se a um elogio indireto da cirurgia plástica que tem como teatro principal a encenação da reconstrução da jovem segundo normas muito precisas e padrões de beleza da modernidade líquida. Se a beleza é uma busca de humanidade, essa hipótese é a prova de que a individualidade, na modernidade líquida, está procurando se afirmar também nesse campo. Explico: quem se orgulha de uma reconstrução plástica que tende a um ideal estético de humanidade (quase a um ideal estético de comunidade) talvez se orgulhe da própria individualidade. Mas estou falando daquela individualidade que permitiu à jovem canibalizar seu *individuo de jure* (de direito), aquele dos direitos e dos deveres, à custa do *individuo de facto*, aquele que pensa somente na própria capacidade de autoafirmação.

O orgulho feminino por ter sofrido intervenções de cirurgia plástica pode também ser atribuído à ostentação de riqueza? É uma demonstração de disponibilidade econômica pessoal. Talvez não demore a chegar o momento em que as moças medirão o tempo pela escala da beleza, e então a beleza (e por conseguinte o tempo), graças à cirurgia, poderá retroceder...

ZB: Você faz bem em acrescentar à nossa leitura desses fenômenos o fator riqueza! Uma forma física impecável, bem-cuidada, perfeita, implica, tanto quanto (se não mais) roupas adquiridas nas mais renomadas (e portanto também mais caras) butiques da moda, um status econômico elevado e uma carteira bem "recheada", e assim uma posição social superior, e a admiração pública que daí resulta. As

Transformações na pele

pessoas proclamam em voz alta, e numa linguagem inequívoca: "*Eu* posso me permitir essas coisas, ao contrário de você, pobrezinho! Tire as devidas conclusões, saiba qual é o seu lugar, e fique nele!". Isso, porém, me parece um fator principalmente supragênero ou neutro do ponto de vista do gênero; e o mesmo vale para as "garotas muito jovens de hoje" orgulhosas por terem passado por uma intervenção de cirurgia plástica análoga àquela por que passaram suas irmãs mais velhas ou suas colegas de escola (fenômeno assimilável ao das "garotas muito jovens" orgulhosas por fumar nos banheiros da escola: um passo rumo à idade adulta com o qual sonham muitas crianças, talvez a maioria, de ambos os sexos, e cujo advento elas desejam fortemente acelerar, para usufruir aqueles privilégios que – como crianças – normalmente lhes são recusados).

Outro fator, este, sim, obviamente ligado ao gênero, poderia – e deveria – preferencialmente ser usado na explicação do fenômeno que você assinala. Quando os editores da *Playboy* estavam para lançar no mercado a *Playgirl*, revista destinada ao público feminino e que pretendia ser a contrapartida da outra, acendeu-se um vivo debate público sobre que tipo de foto as potenciais leitoras prefeririam: os representantes mais bonitos do sexo oposto (exatamente como para os leitores homens da *Playboy*) ou os mais poderosos e influentes (no caso, provável, em que os dois tipos de homens não coincidissem)? Pesquisadores especialmente interpelados quanto ao assunto e o público leitor concordaram quanto ao veredicto: a segunda opção era a mais popular, e provavelmente a mais desejável para as leitoras.

No conjunto, se na escala da desejabilidade as mulheres tendem a marcar pontos com base em sua beleza, nessa mesma escala os homens tendem a ser valorizados sobretudo com base em sua capacidade (*fitness*); partindo do pressuposto de que a maior parte dos homens prefere parceiras femininas e a maior parte das mulheres, parceiros viris, seria de esperar que a *fitness* – entendida tanto como forma física quanto como capacidade para enfrentar os desafios da vida e para proteger a parceira das incertezas e dos danos que tais desafios podem gerar (ou seja, dotes como industriosidade, poder, destreza, coragem, presteza, energia, iniciativa, vigor, vitalidade) – superasse com extrema facilidade os atrativos de um belo corpo. A indústria cosmético-plástica, contudo, está voltada para satisfazer as exigências femininas e recruta sua clientela, antes de mais nada, embora não exclusivamente, entre a metade feminina da população.

Transformações na pele

TL: Então, a *identikit* do homem ideal para a mulher contemporânea da modernidade líquida é um homem rico? A moda do homem rico ao lado de mulheres mais jovens e mais bonitas está destinada a durar eternamente?

ZB: Não tiremos conclusões apressadas, Thomas! E nada de atalhos nos raciocínios, por favor! Afinal, você baseia sua conclusão generalizante numa amostra muito restrita, e ainda por cima não randomizada, mas arbitrária: as leitoras da *Playgirl*. Minha sensação é de que, em linhas gerais, ela coincide com a amostra (igualmente restrita) da clientela da indústria cosmético-plástica; tal sensação, se estiver correta, poderia contribuir em parte para explicar a estrondosa prevalência de mulheres dentro daquela clientela, mas sem dúvida não basta para generalizar quanto ao fato de que "a *identikit* do homem ideal para a mulher contemporânea" seja "um homem rico". Ademais, sobre quais bases você profetiza que "a moda do homem rico ao lado de mulheres mais jovens e mais bonitas está destinada a durar eternamente"?

TL: Estamos falando de garotas, de mulheres. E não de garotos ou de homens. Não porque os homens não recorram à cirurgia estética, mas porque, entre eles, é muito mais raro o orgulho de ter sofrido uma intervenção. Mas, afinal, por que isso acontece? No entanto, hoje os garotos são ambiciosos esteticamente, tanto quanto as garotas, às vezes até mais...

ZB: Os homens que recorrem a isso se arriscam a perder pontos na escala de seus atrativos.

· 2 ·

Transformações da agressividade
Bullying

THOMAS LEONCINI: Steven Spielberg, Barack Obama, Rihanna, Miley Cyrus, a princesa Kate Middleton, Madonna e Bill Clinton têm algo em comum: em seu período escolar, foram vítimas de bullying e sofreram numerosos episódios de violência. Vamos tentar analisar o bullying, mas partindo de um aspecto incomum. Segundo o pensamento de Arnold van Gennep, um dos mais conhecidos estudiosos de antropologia do século XX, as principais características dos ritos de passagem são construídas, reunidas e formadas em torno de três estágios. O primeiro é o período de separação do indivíduo em relação à comunidade (os chamados *ritos preliminares*, que permitem ao sujeito afastar-se da condição precedente). A esse segue-se o período de margem (aquele chamado de *liminaridade*), no qual ocorre uma verdadeira suspensão de status social; de

Nascidos em tempos líquidos

fato o sujeito entra numa espécie de limbo que pode representar um perigo tanto para ele quanto para a estabilidade social, porque pode criar um *novo espírito comunitário, uma nova communitas*, como sustentava o antropólogo escocês Victor Turner. Basta pensar que muitas das recentes revoluções sociais anticonformistas tiveram sua gênese mediante situações de liminaridade: os hippies dos anos 1960 são hoje irreconhecíveis antepassados dos jovens *gutter punk* ou dos *dark*, mas estes, por sua vez, são os antepassados dos *emo*,[*] que hoje talvez só tenham os hipsters como transformação líquida liminar. O terceiro é o estágio da agregação, aquele tecnicamente chamado de *ritos pós-liminares*, porque o sujeito volta, para todos os efeitos, ao seu hábitat como parte integrante e novamente conectada, mas com novas características individuais, que se tornam vivas quando relacionadas às sociais.

Separação, marginalidade e agregação, portanto, esses estágios, se os procurarmos em muitas situações nas quais está difundido o fenômeno do bullying, com frequência também são representativos do percurso que a vítima de

---

[*] *Emo*: abreviação de *emocore* ou *emotional hardcore*; originalmente a pessoa que ouve rocks melosos, românticos, a palavra passou a designar um estilo de vida e uma moda associada aos punks. (N.T.)

Transformações da agressividade

bullying sofre, obrigatoriamente. Diante dos ataques do ofensor, sobretudo se reiterados, a vítima se sente psicologicamente (e, muitas vezes, também fisicamente) "separada" dos outros.

Essa vida *à parte* da vítima não só transtorna seu cotidiano, envolvendo tanto a vida escolar quanto a dos afetos, mas também leva, em alguns casos (não raros), a uma mudança das amizades, dos contatos diários. Pode assim criar um novo *núcleo mínimo* de pertencimento social, e isso coincide com a fase de margem, aquela na qual, como resposta ao desconforto, muitas vítimas de bullying imaginam modos a fim de não sofrer mais, de encontrar outra identidade, visto que a precedente havia trazido, como resultado, muita amargura. Após (ou durante) tudo isso, porém, é inevitável – porque é a sociedade que o impõe – um retorno à base, uma nova agregação; portanto, as relações com os colegas de classe e com a instituição escolar em geral devem ser recuperadas, para não se ficar para trás e evitar insucessos e reprovações em exames. Mas, ao término desse percurso, digamos de alguns meses ou, na pior das hipóteses, de alguns anos, a vítima de bullying retorna à sociedade como pessoa nova, como uma pessoa que traz consigo uma nova identidade social, mais complexa.

O bullying não violento fisicamente pode ser entendido como o equivalente de um rito de passagem necessário para alguns jovens? Os ofensores, isto é, os autores de bullying, nascem importunadores porque o bullying faz parte do seu "habitus"?

ZYGMUNT BAUMAN: O eminente sociólogo e historiador social judeu alemão, naturalizado inglês, Norbert Elias cunhou em 1939 o conceito de "processo de civilização", entendido não tanto como uma eliminação, para fora da vida humana, da agressividade, da coerção brutal e da violência (ideia que ele provavelmente considerava utópica), mas como – que me seja permitida a expressão – uma "varrição dessas três coisas para baixo do tapete": removê-las da vista das "pessoas civilizadas", dos lugares que estas provavelmente frequentam, ou até, com muita frequência, dos quais possam apenas ter notícia, para transferi-las a "pessoas inferiores", excluídas, para todos os efeitos, da "sociedade civilizada". Os esforços para obter tal efeito se voltaram para a eliminação de comportamentos reconhecidos, avaliados e condenados como bárbaros, rústicos, toscos, descorteses, mal-educados, atrevidos, impertinentes, deselegantes, mal-

Transformações da agressividade

criados, desprezíveis, inconvenientes ou vulgares, e, no conjunto, grosseiros e inadequados ao uso por parte de "pessoas civilizadas", além de degradantes e desvalorizadores, se por elas usados. O estudo de Elias foi publicado na véspera da mais bárbara explosão de violência de toda a história da espécie humana; mas, na época em que foi escrito, o fenômeno do bullying era quase totalmente desconhecido, ou pelo menos ainda não tinha um nome. Quando, nas últimas décadas, a violência voltou preponderantemente à ribalta, e a linguagem vulgar se insinuou no elegante discurso dos salões e mesmo na cena pública, numerosos discípulos e seguidores de Elias anunciaram o advento de um "processo de descivilização" e se empenharam, dando saltos-mortais, em explicar essa repentina e inesperada reviravolta da condição humana, porém com resultado escasso e insatisfatório – pouco convincente.

Vozes mais radicais foram ainda além: remetendo-se ao Spengler de *A decadência do Ocidente* (*Der Untergang des Abendlandes* no original alemão, em que *Untergang* talvez fosse traduzido mais fielmente como "queda"), sugeriram que aquilo que hoje acontece à civilização ocidental é a enésima repetição do modelo que toda civilização, passada e futura, deve seguir em sua história. Valendo-se de suas peculiares metáforas botânicas, Spengler apresentava aquele modelo como uma sucessão de primavera, com sua criatividade audaz, porque ingênua (muito mais tarde, George Steiner sugeriria que o privilégio de Voltaire, Diderot e Rousseau havia consistido na ignorância deles, no fato de não saberem aquilo que, ai de nós, sabemos hoje); verão, com a maturação de flores e frutos; outono, com o murchar e a queda de flores e frutos; e por fim inverno, caracterizado pelo congelamento e a retomada do espírito criativo em exangue maneirismo desprovido de criatividade. No que se refere ao Ocidente, a passagem da civilidade (espiritual) à civilização (mundana, material, concreta, prática) se verificou em torno de 1800:

> Em tais termos se distingue a existência euro-ocidental de antes e depois do século XIX, a vida numa plenitude e numa natureza cuja forma nasce e se desenvolve a partir de dentro, *num só* ímpeto grandioso que, desde a infância do gótico, vai até Goethe e Napoleão; e aquela vida tardia [outonal], artificial, sem raízes, das nossas grandes cidades, cujas formas são traçadas pelo intelecto. [...] O homem

de uma civilidade vive voltado para o interior, o de uma civilização vive voltado para o exterior, no espaço entre corpos e "fatos".*

Há portanto uma escolha, que pode e deve ser realizada, entre propostas interpretativas que descem das alturas sofisticadas, sublimes, e as intenções universalistas da *Geschichtsphilosophie*, a filosofia da história. Nesta nossa conversa, porém, nós nos interessamos por fatores mais terra a terra, prosaicos, mundanos e, em ampla medida, localizados, que animam e forjam os atuais desenvolvimentos de nossa cultura, de nossa mentalidade e dos nossos modelos comportamentais.

TL: E, em nossa modernidade, para onde você acha que o desenvolvimento cultural está se dirigindo?

ZB: O desenvolvimento que você aqui sugere seguir é o retorno da violência, da coerção e da opressão na resolução dos conflitos, em detrimento do diálogo e do debate

---

* Oswald Spengler, *Il tramonto dell'Occidente. Lineamenti di una morfologia della storia mondiale*, Parma, Guanda, 1991, p. 528-9 [ed. bras., *A decadência do Ocidente*, São Paulo, Forense Universitária, 2013].

voltados para a compreensão recíproca e a renegociação do *modus co-vivendi*. Considero que, nesse desenvolvimento, um papel importante foi, é e continuará sendo exercido no futuro próximo pela nova tecnologia da comunicação mediada; não como sua causa, mas como sua crucial condição facilitadora.

TL: O primeiro testemunho é de Michele, hoje com trinta anos:

Ainda tenho pesadelos à noite, eu tinha doze anos, era muito tímido e solitário. Três dos meus colegas de turma me trancaram no banheiro e começaram a me bater, primeiro com as mãos, depois com vassouras e qualquer objeto que houvesse no local. Cinco minutos intermináveis, humilhantes e dolorosos. Enquanto dois me batiam, o terceiro abriu a calça e urinou em mim. Até hoje tenho vontade de chorar quando penso naquele dia, e não só pela humilhação imediata, mas pelo fato de que, no dia seguinte, eu e meu pai denunciamos o ocorrido ao diretor do instituto. Este, porém, pousou a mão no meu ombro e me disse que essas coisas acontecem, que infelizmente os garotos de hoje são assim, mas que esses fenômenos são passageiros, portanto não havia motivo de preocupação, porque tudo já estaria melhor nos dias seguintes (um dos três era filho de um médico bastante conhecido, muito rico, da minha cidade). Obviamente, os atos de bullying contra mim não cessaram e a situação prosseguiu durante todo o ano letivo.

Michele nos fala da faca de dois gumes do bullying, a mesma lâmina que corta e desce em profundidade, provocando a primeira dor, e depois, não satisfeita, causa uma nova dor quando se retrai, quando desaparece da carne. O diretor da escola (que não compreende o que Michele sente) se transforma por sua vez em responsável pela exclusão social do garoto. Alguma vez você sofreu atos de bullying?

ZB: Sim, e como! De modo constante, cotidiano. Durante todos os anos de escola em Poznań, na Polônia, até que com a explosão da guerra fugi de minha cidade natal com outros dois garotos judeus da minha escola. Obviamente na época eu ainda não sabia nada de sociologia, mas recordo haver compreendido muito bem que ser vítima de bullying era uma questão de exclusão. Você não é como nós, não é dos nossos, não tem direito de participar de nossos jogos, não jogamos com você, se teimar em participar da nossa vida não se surpreenda se receber pancadas, pontapés, ofensas, humilhações, mortificações.

Muito mais tarde, quando comecei a ler livros de sociologia e aprendi a pensar como sociólogo, compreendi que a exclusão de três garotos judeus numa escola que contava com muitas centenas de alunos havia sido, para os nossos perseguidores, a outra face da medalha da identificação do eu por parte deles. Um pouco depois ainda, segui a sugestão do romancista E.M. Forster, "Only connect"[*] ("Simplesmente conecte"); dei-me conta de que designar um inimigo e demonstrar a todo custo a inferioridade dele era a inseparável outra face da medalha da identificação do eu. Não existiria um "nós" sem um "eles". Mas felizmente, para tornar real nosso desejo de comunidade, apreciação e ajuda recíproca, existem "eles" – e eis que consequentemente existíamos, por força devíamos existir como "nós" para manifestar serem eles comunidade, de nome e de fato, e sem jamais nos cansarmos de recordar isso a nós mesmos e de demonstrá-lo/reafirmá-lo, provando-o aos outros ao nosso redor. Para todos os efeitos, a ideia de "nós" não faria sentido, a não ser emparelhada à de "eles".

[*] Esta é a epígrafe do romance *Howards End*.

Transformações da agressividade

E essa regra, temo, não é promissora para o sonho de um mundo livre de bullying.

TL: Você está falando, portanto, de exclusão. De fato, no segundo depoimento é justamente o sentimento de exclusão que emerge com preponderância.

Laura tem quinze anos e, à diferença de Michele, até hoje ainda não se livrou do problema do bullying, como ela mesma conta:

Não quero ir à escola porque meus colegas fazem com que eu me sinta diferente. Gostaria de ser como eles, mas eles não me permitem. Se me visto da mesma maneira que eles, riem de mim; se me empenho em imitar o que fazem, me desprezam. Meus colegas dizem que eu sou fracassada, que jamais poderei ter amigos ou namorado. E começo a acreditar que eles têm razão. Não sei por que me odeiam tanto, mas sei que isso faz com que eu me sinta muito mal (isso de sobreviver marginalizada). Penso frequentemente no suicídio como solução para minha dor.

Ao que parece, o bullying masculino difere do feminino em muitos aspectos. Por exemplo, entre garotos, na maior parte dos casos, se recorre à violência física, enquanto entre garotas predomina de longe a violência verbal e muitas vezes silenciosa, mas marginalizante.

Segundo os últimos dados do National Center for Education Statistics (NCES),[*] um entre cinco estudantes americanos é vítima de bullying; e, como indicam diversos estudos internacionais, um dos principais "móveis" do encarniçamento contra um estudante é sua real ou suposta homossexualidade; mas os estudos também dizem outra coisa: gays e lésbicas têm o triplo de probabilidade de se suicidar.

Desse risco já falava expressamente, alguns anos atrás, o United States Department of Health and Human Services (HHS) de Washington.[**] O que você acha de tudo isso?

---

[*] Trata-se da entidade federal encarregada da coleta e análise de dados relativos à educação nos Estados Unidos e em outras nações. O NCES faz parte do Instituto de Ciências da Formação, integrando o departamento de Instrução Pública. A entidade cumpre uma determinação do Congresso no sentido de coletar, comparar, analisar e relatar estatísticas completas sobre a situação da instrução americana; realiza e publica relatórios; e informa sobre as atividades da educação no plano internacional. Os dados atualizados do estudo sobre bullying aqui citado foram publicados no final de dezembro de 2016; disponíveis em: nces.ed.gov/pubsearch/pubsinfo.asp?pubid=2017015.

[**] Departamento do governo federal americano que se ocupa da saúde dos cidadãos. Entre suas funções incluem-se gerir a saúde pública, vigiar a saúde privada, desenvolver atividades de prevenção de doenças, controlar a salubridade dos alimentos e a composição dos medicamentos.

Transformações da agressividade

ZB: Pessoalmente, eu não levaria muito a sério as motivações alegadas pelos ofensores, homens ou mulheres que sejam, para explicar o bullying que praticam e a escolha de suas vítimas. As motivações vão e vêm, na onda das modas do momento, mas o desconforto existencial permanece, e exige com insistência ser aliviado, desafogando a pressão acumulada e prevenindo um acúmulo posterior. A necessidade de bullying, e sobretudo de seus objetos e móveis, existe desde sempre e não acabará nunca. Em tempos remotos, para justificar o desconforto existencial e a consequente agressividade, culpava-se a possessão demoníaca; em outros tempos, um casamento infeliz ou a anorgasmia; em outros, ainda, a exploração sexual por parte dos genitores; atualmente, abusos sexuais sofridos na infância por parte de professores, sacerdotes, e a necessidade de celebridade; agora os culpados são os homossexuais. Mas você se esqueceu de mencionar os migrantes, que agora deixam para trás qualquer outro candidato...

TL: Tem razão, caro Zygmunt, os migrantes. Outra nítida atualidade. Muito mais de duzentos anos atrás, Immanuel Kant fez uma observação banalíssima que já ouvi várias vezes mencionada, inclusive por você: ele se perguntou que consequências poderia ter, na prática, a forma esférica da Terra. A mais evidente de todas, para nós nativos terrestres, é que habitamos a superfície dessa esfera. Mas procuremos imaginar o que pode significar "deslocar-se", "mover-se" de um ponto a outro de uma esfera. Significa sobretudo "encurtar" cada vez mais as distâncias em relação aos outros. Sim, porque na realidade mover-se ao longo de uma esfera é reduzir a distância em relação ao próximo que de início, com o deslocamento, tentava-se aumentar. E o mesmo Kant prossegue a observação constatando que, mais cedo ou mais tarde (mas, como ele escreveu isso há mais de dois séculos, poderíamos nos definir imersos tanto no "mais cedo" quanto no "mais tarde"), se acabarão os espaços vazios nos quais poderão se aventurar aqueles dentre nós que consideramos desconfortáveis ou estreitos demais os lugares já povoados pelos próprios semelhantes. O que se constata a partir dessas observações é que seria lógico aceitar a imposição que a própria natureza nos faz, considerando a hospitalidade como a pilastra da modernidade.

Conversando sobre o tema do qual falávamos há pouco, o bullying, me lembrei do episódio de Kitty Genovese; essa é mais que uma história sobre a indiferença, é um exemplo utilizado com muita frequência em psicologia social para lembrar como o ser humano tende a deslocar para a responsabilidade social coletiva sua responsabilidade pessoal, esquecendo que, ao contrário, em sua vida cotidiana, a forte

Transformações da agressividade

individualidade o invade e gerencia suas relações sociais. Kitty Genovese foi uma mulher de Nova York esfaqueada até a morte nos arredores de sua casa, no bairro de Kew Gardens, distrito do Queens. Era o ano de 1964, e no dia seguinte o *New York Times* deu a chamada mais importante da primeira página: "Trinta e sete pessoas assistiram a um homicídio sem chamar a polícia".

A conclusão, em última análise? É a seguinte: há mais probabilidade de que uma só testemunha de um evento trágico, e que percebe estar sozinha, intervenha em socorro da vítima que um indivíduo que se dá conta de estar com outros, de uma presença coletiva de semelhantes.

Sem entrar no mérito da história e das polêmicas nascidas em seguida (já que o irmão de Kitty foi atrás da verdade e descobriu várias incongruências entre o trabalho da imprensa e a realidade), a mensagem é clara: muitas vezes o pluralismo parece criar uma modificação, embora momentânea, uma transformação da individualidade, uma individualidade mais leve. E o resultado final não muda: uma pobre moça massacrada no meio da rua por um louco, e todos os cidadãos que (provavelmente) olhavam a cena por trás de suas cortinas; nenhum saiu de casa, nenhum chamou a polícia na primeira meia hora, embora todos escutassem os gritos da vítima. Luzes acesas, então, e figuras na contraluz, que se observam reciprocamente por trás das vidraças, dispersam a responsabilidade de agir (você também está olhando, não sou só eu, por que caberia a mim, não a você?) e inevitavelmente diminuem o impacto pessoal que motiva o *start* da ajuda. Aquele dia de 1964 faz parte de suas lembranças mais fortes?

ZB: Eu vivi intensamente o caso de Kitty Genovese através do choque que reverberava a partir da opinião pública esclarecida daqueles tempos – muito além do ambiente acadêmico, obrigado a rever mais de uma de suas teorias, tácitas ou explícitas. Se bem me lembro, foi durante o debate que se seguiu, e que insolitamente continuou por muito tempo, dado o pânico moral suscitado, que ouvi falar pela primeira vez no conceito de "espectador": as pessoas que veem o mal ser realizado mas desviam o olhar e não fazem nada para detê-lo.

Aquele conceito me impressionou de imediato, talvez como a categoria muitíssimo mais importante entre as ausentes dos estudos sobre o genocídio, e que exigia ser indispensavelmente inserida neles.

Precisei de vinte anos, porém, para fazer ao conceito a justiça que ele merecia, no âmbito da minha tentativa pessoal de decifrar o mistério do Holocausto levado ao ápice da

Transformações da agressividade

civilização moderna. (Recordemos que Kitty Genovese foi assassinada em 1964, no limiar daquela que foi percebida como uma revolução cultural que revisaria todos os valores, como os anos 1960 seriam logo rubricados nos anais da história cultural, e a opinião pública encontrou mais um argumento sobre o qual focalizar a própria atenção; como diria certa vez, causticamente e só em parte com ironia, o psicólogo Gordon Allport, nós que trabalhamos no campo das ciências humanas nunca resolvemos os problemas, nos limitamos a nos ocuparmos deles até a náusea... O que Allport se esqueceu de dizer, porém, é que nem todos os problemas têm solução; muitos não têm, e homicídios como o de Kitty Genovese pertencem a essa categoria. Os policiais que procuram em primeiro lugar um motivo, como nos filmes do gênero, têm uma tarefa impossível de cumprir, assim como os promotores, os julgamentos, os juízes.)

Mas olhando para trás podemos dizer que o caso Genovese também chamou atenção para outro fenômeno, destinado a adquirir, nos anos seguintes, uma importância cada vez mais assustadora e uma urgência cada vez maior de enquadramento conceitual: o do "mal casual" ou "desinteressado". Durante o processo, o assassino, Winston Moseley, revelou aos jurados que havia escolhido como vítima uma mulher, e não um homem, simplesmente porque as mulheres "eram mais fáceis de atacar e não reagiam".

O cinismo e a ausência de objetivo do mal "casual" ou "gratuito" fogem à compreensão e às explicações "racionais" de "causa-efeito", que, em nossa mentalidade de modernos, o mal deve possuir. Dentre suas características, essa, em particular, constitui a temática central dos filmes do grande diretor e roteirista austríaco Michael Haneke, um dos mais sensíveis e profundos exploradores e cronistas dessa inquietante e perturbadora variedade do mal. Luisa Zielinski, entrevistando-o para *The Paris Review* (inverno 2014), assim resume a obra cinematográfica dele: "Sua câmera ignora os clichês *pulp* e *torture porn* hollywoodianos para, em vez disso, focalizar as crueldades cotidianas diante das quais o público ainda não está anestesiado: os mesquinhos atos de bullying, a incapacidade de escuta, as obsessões classistas e de privilégio social."[*] Já em maio de 2001, contudo, Peter Bradshaw, crítico de cinema do jornal *The Guardian*, afirmava que *Código desconhecido*, de Haneke, era "um filme atordoante, intransigente, impossível de definir". Mas isso, diria eu, porque os modos

---

[*] Entrevista disponível em: theparisreview.org/interviews/6354/michael-haneke-the-art-of-screenwriting-no-5-michael-haneke.

Transformações da agressividade

e meios de estar no mundo dos seus personagens, que Haneke deliberadamente (e com prudência) põe em cena sem comentários nem explicações, são assim mesmo, "impossíveis de definir". É uma mensagem que retorna pontualmente em todos os filmes do diretor austríaco, e há pouco tempo foi reiterada pela filha de uma mulher de interminável e lancinante declínio físico, levemente sufocada pelo marido, com seu longo silêncio de alguns minutos na última cena do filme *Amor*. Na pobreza dos meus recursos, nem de longe comparáveis à habilidade de Haneke em exprimir o inexprimível, dizer o indizível, articular o não articulável e tornar inteligível aquilo que não o é, e valendo-me da sensibilidade do meu pranteado colega e querido amigo Leonidas Donskis, enfrentei com ele esse mesmo mistério em nossos dois livros *Liquid Evil* e *Cegueira moral*.

Os eventos novos, insólitos, ainda não analisados (e muito menos mental e emocionalmente assimilados) tendem a chocar simplesmente enquanto tais. Eventos semelhantes, se repetidos, multiplicados, sempre revistos ou escutados, tendem a se despojar de sua capacidade de chocar. Por mais desconcertantes e horripilantes que pudessem ser na primeira vez em que foram vistos ou ouvidos, pela monotonia de sua repetição acabam "normalizados", tornados

Nascidos em tempos líquidos

"comuns", coisas que são daquele modo por sua própria natureza; em outras palavras, são banalizados, e a função das banalidades é divertir e entreter, não chocar.

Em 2011, Anders Behring Breivik cometeu duas carnificinas: uma destinada a atingir o governo e vítimas casuais entre a população civil e a outra contra os participantes de um acampamento estival organizado pela seção jovem do Partido Trabalhista norueguês. Breivik havia previamente explicado seus crimes num manifesto publicado on-line no qual trovejava contra o islã e o feminismo, culpados, em sua opinião, de conjuntamente "gerar um suicídio cultural europeu". Escreveu também que o *móbil* principal de seu gesto louco era "*tornar público* seu manifesto". Poderíamos dizer que, aqui, Breivik se apoiava no atual senso comum: quanto mais escandalosa e de mau gosto é a publicidade, maior audiência televisiva, mais vendas de jornais ou mais lucros de bilheteria. O que impressiona o leitor atento, porém, é a total ausência de nexo lógico entre razão e efeito: o islã e o feminismo de um lado, as vítimas casuais de uma carnificina de outro.

Estamos calmamente nos adaptando a esse estado de coisas ilógico, ou melhor, totalmente inconcebível. Breivik não é em absoluto um só e excepcional erro da natureza ou um monstro solitário sem precedentes nem epígonos: a ca-

Transformações da agressividade

tegoria da qual ele faz parte é conhecida por recrutar sempre novos membros mediante o mecanismo conhecido como "emulação". Vejam, por exemplo, o que acontece nos campi, nas escolas e nos eventos públicos americanos, vejam os atos terroristas, ou pelo menos violentos, incessantemente transmitidos pela TV; deem uma olhada na programação dos cinemas de sua cidade, ou nas listas de best-sellers dos últimos meses, para constatar quanto estamos expostos cotidianamente ao espetáculo de uma violência casual, gratuita, imotivada: violência pela violência, sem outro objetivo. O mal foi verdadeira e plenamente banalizado, e o que mais importa, entre as consequências, é que nós fomos ou seremos, dentro em pouco, insensibilizados ante sua presença e suas manifestações. Fazer o mal já não exige motivações. Será que o mal, inclusive o bullying, já não terá se deslocado consideravelmente da classe das ações voltadas para um objetivo (ou seja, sensatas, a seu modo) para o âmbito de um agradável passatempo e entretenimento (para um número crescente de "espectadores")?

· 3 ·

Transformações sexuais e amorosas

Derrocada dos tabus na era do amor on-line

THOMAS LEONCINI: Deploramos os tempos passados só porque estamos seguros de que eles não podem voltar. Todos os dias são bons para ouvirmos alguém louvando os tempos perdidos como mais "justos", mais alinhados a princípios consolidados. E então você vai ao bar, folheia um jornal e encontra um assunto perene em todos esses *não lugares:** os jovens

* Os *não lugares* são o oposto dos lugares antropológicos, definidos pelo etnólogo e antropólogo francês contemporâneo Marc Augé, a quem se deve a expressão *non-lieu*, como não identitários, não históricos e não relacionais. Nossa supermodernidade é, para Augé, produtora por excelência de não lugares. São pontos de trânsito, ocupações provisórias (hotéis), zonas de comércio individual (centros comerciais) e podem representar uma época e dar sua medida. O próprio Augé escreveu que o espaço do viajante é o arquétipo do não lugar. Do ponto de vista técnico, os não lugares são espaços constituídos por duas características que se sobrepõem, mas não se confundem, ou seja, em relação a determinados fins (transporte, trânsito, comércio, tempo livre) e em relação aos próprios vínculos que os indivíduos mantêm com esses espaços.

não estão desfrutando sua juventude por culpa da internet e dos smartphones. Todo mundo está pronto a acusá-los por se manterem conectados sem cessar, por carregarem sempre consigo o *não lugar* mais moderno e líquido por excelência (a web) e por viverem sempre num limbo de bolso que não existe, que cria relações contínuas mas inexistentes; porque, segundo se crê, quando dois smartphonianos se encontram, eles trocam rápidas mensagens por alguns minutos e em seguida continuam a olhar o smartphone a fim de construir para si mesmos universos paralelos digitais.

Mas os garotos de hoje são como nós éramos. Somente com algumas sutis diferenças: nós crescemos com o telefone fixo, e eles, fitando o telefone! Ainda que, pensando bem, isso não seja totalmente verdade. Quando eu tinha quinze anos, havia acabado de surgir a moda de levar o celular para a escola (mais de 400 mil liras* por uma cabine telefônica "portátil", que afinal não era assim tão portátil, só cabia em bolsos grandes; uma vez coloquei o aparelho no bolso da frente da calça e me vi com a antena na altura do sapato). Nós também passávamos os dias com a cara grudada à tela do celular, e sem dúvida alguém recordará por quê. Porque nos

* Cerca de R$1200,00. (N.T.)

Transformações sexuais e amorosas

chegavam as mensagens escritas. A moda das mensagens foi a tendência mais subestimada pela mídia no início do novo milênio, mas tinha o mesmo alcance do WhatsApp para os jovenzinhos de hoje. Se estivesse interessado em uma garota, você devia primeiro se assegurar de que ela dispunha de telefone, em seguida permutar alguma coisa para descobrir o número e, por fim, fazer a coisa mais importante: mandar uma mensagem. Se depois disso não acontecesse nada, então a garota provavelmente era "uma metida" (utilizávamos o termo sem compreendê-lo, mas ele nos agradava). Era preciso mandar nova mensagem, sem nunca exagerar, do contrário você acabaria insultado pelo namorado dela. E eis que chegava o recado que todos esperávamos, aquele que podia nos refrescar o verão só pela brisa passageira e inesperada que portava. E sabem o que estava escrito? "Quem é você?" A partir daí, você já descobria de que estofo era feito: devia escolher entre dizer a verdade ou fingir ser outra pessoa, ainda que, uma vez enviada a mensagem, pudesse ter certeza de que a garota já perguntara às amigas se conheciam aquele número. E depois você passava os dias verificando o celular, esperando ver o envelopinho naquela tela que, à luz do sol, ficava ilegível.

Digo tudo isso para introduzir um aspecto decididamente "contínuo" em relação aos nossos dias: a necessidade dos

Nascidos em tempos líquidos

jovens de então, assim como a dos de hoje, de experimentar particular interesse por todas as realidades que encurtam ainda mais as distâncias espaciais e aceleram o percurso de seleção e recrutamento dos parceiros sexuais, a favor de um extradomínio do tempo sobre o espaço. WhatsApp, Telegram, Snapchat, Messenger têm esta grande função: reduzem nossos prazos, nos fazem chegar com muito mais rapidez ao objetivo desejado; são processos instantâneos que confirmam como nunca antes o fim das distâncias espaciais, determinando como único e sutil obstáculo a barreira temporal. "De quanto tempo eu preciso para ir à sua casa em Miami se estou em Roma?", é a pergunta recorrente. Por acaso vocês já ouviram alguém dizer "Quantos quilômetros devo percorrer para chegar à sua casa?".

A modernidade líquida modificou completamente nossos esquemas psicológicos e, portanto, nossos protótipos cinestéticos. Mas o que a web representa de fato para nós e para nossa identidade? São infinitos os casos em que a web, agindo como vitrine da identidade humana, fez vítimas na própria rede de conexão: de fato, foram muitos os suicídios em consequência de uma perseguição mesquinha e violenta contra indivíduos frágeis. E não é preciso "incomodar" a já péssima reputação do Ask.fm, site que permite escrever qualquer coi-

Transformações sexuais e amorosas

sa sem revelar a própria identidade; pensemos, por exemplo, nos numerosíssimos casos de cyberbullying e de difamação para fazer dele uma ideia concreta. Tudo o que aparece na web tem decerto um traço distintivo universal: a redução da esfera pública em benefício da esfera privada.

Mas é justamente isso que reduz o peso do senso *político* do cidadão. No entanto, a web, com as redes sociais, nos engana, fazendo-nos crer que, através das curtidas e dos comentários, podemos de fato plasmar e difundir uma democracia universal, mas em vez disso criamos simplesmente uma visão pessoal nossa, individual, que vai se somar a outras visões individuais diversas. E, mais uma vez, levamos o privado ao público.

Com frequência imaginamos os comentários nas redes sociais como rios compostos das mesmas gotas d'água, mas só para demonstrar que existem individualmente, sem poder ser pesadas de fato. É verdade, são semelhantes entre si, mas não o suficiente. E o que acontece quando observamos tudo isso de fora? Qual é o modo mais comum de desacreditar com três palavras esse imenso fluxo? Chamá-lo "o povo da web" (mais ou menos todo dia muitos meios de comunicação falam dele nesses termos), ou seja, subentendendo que existe uma entidade totalmente estranha à comunidade real, como se ela não fosse composta das mesmas pessoas, mas que ainda assim (é um dado de fato) existe.

No entanto, nós conhecemos a web somente como um hábitat ideal, político e democrático. O que, ao contrário, se mostra clamoroso é a mais estreita semelhança com o totalitarismo, e não com a democracia. Sim, porque a difusão das notícias e dos vídeos em tempo real, e portanto aquela que podemos chamar de "vida do espectador adormecido", é certamente apoiada sobre sólidas bases democráticas, mas a organização de nossa esfera pessoal na web, ou seja, a do espectador "ativo", que se refere à relação, à abertura ou ao fechamento perante os outros, não é nem de longe construída de modo democrático.

Com nossos perfis pessoais nas redes sociais, todos experimentamos antes de mais nada a ilusão do totalitarismo: somos livres para excluir os usuários, para eliminar os pedidos de "conexão" só porque não conhecemos alguém pessoalmente. Até pouco tempo atrás, o Facebook dava aos seus participantes a possibilidade de denunciar um usuário sempre que este se permitisse enviar um pedido de amizade a outro usuário a quem não conhecia. Portanto, a única culpa do azarado solicitante de asilo em terra digital alheia, pelo que se arriscava a um bloqueio de sua conta, era ter pedido a um estranho que o recebesse entre os "amigos". Com as redes sociais, além disso, qualquer um pode (num minuto) fazer seu perfil *fake* e ofender outros usuários, protegido pela garantia da privacidade.

O psicólogo americano Philip Zimbardo fez um grupo de moças estudantes usarem capuzes e mantos como os da Ku Klux Klan a fim de torná-las anônimas; a outro grupo de alunas, ao contrário, não pediu que usasse nada. Solicitou aos dois grupos que aplicassem uma descarga elétrica em outra pessoa, e eis os resultados obtidos: as que envergavam o capuz mantiveram apertado o botão que comandava o choque por um tempo duas vezes maior que as de rosto descoberto.

Ainda Zimbardo, com seu famoso experimento nos cárceres de Stanford, confirmou quanto o fenômeno da desindividualização era poderoso. Como escreveu outro psicólogo americano, Edward Diener, a desindividualização, ao reduzir a consciência de si, reduz a acessibilidade às normas interiores de comportamento.

Com a internet, temos de fato a ilusão de sermos pessoas únicas e capazes de gerir a superabundância de busca do sentido da vida.

Zygmunt Bauman: Você delineou bem sua história da web: breve, sintética, mas densa de eventos. De fato, uma combinação de grandes expectativas e esperanças frustradas parece ser, *a posteriori*, a marca distintiva da rede. Como você corretamente sugere, a web entrou triunfante em nosso mundo prometendo criar "um hábitat ideal, político e democrático"; mas aonde nos ajudou a chegar? À hodierna crise da democracia e ao agravamento das divisões e dos conflitos políticos e ideológicos. Na verdade, acolhemos com entusiasmo a promessa de uma segunda vida, mas o mundo ao qual tendemos a conduzir essa nossa segunda vida é um mundo de cyberbullying e difamação. E, sim, o advento da web tornou de repente realistas as nossas esperanças de notoriedade, mas, tendo-a colocado enganosamente ao nosso alcance, tornou a notoriedade quase obrigatória – embora com uma chance de obtê-la semelhante à de ganhar o primeiro prêmio da loteria.

Mas comecemos do princípio, para em seguida passarmos em revista sua questão, ponto a ponto. Proponho iniciar a partir da guinada verdadeiramente revolucionária na condição humana, produzida passo a passo – no decorrer de uma só geração – pela tecnologia da informática: desde as gigantescas estruturas das quais, segundo seus inventores e pioneiros, bastaria uma dúzia para satisfazer a totalidade das exigências informáticas da humanidade; até as miríades de gadgets, primeiro portáteis, depois tão pequenos a ponto de caber na palma da mão (laptops, tablets, celulares e qualquer outra engenhoca que tenha sido "lançada no mercado" antes de você e eu terminarmos esta conversa); a cada momento, 24 em 24 horas e sete em sete dias da semana, ao alcance dos bilhões de proprietários/usuários de todas as idades, em qualquer situação, no bolso ou na bolsa, porém na maior parte do tempo na mão. Por mais sozinhos que possamos estar e/ou nos sentir, no mundo on-line estamos potencialmente sempre em contato. O mundo off-line ainda não desapareceu, nem é provável que desapareça num futuro próximo; e a esse mundo off-line, assim denominado em contraposição ao recém-chegado on-line, a supracitada prerrogativa não se aplica – assim como não se aplicava quando esse mundo era o único que habitávamos, e seu companheiro/adversário ainda não tinha sido inventado –, vale dizer, para a maior parte (até agora, a quase totalidade) da história humana.

Mas agora existem *dois* mundos nitidamente distintos um do outro, entidades plena e verdadeiramente antípodas, e a tarefa de conciliá-los e forçá-los a sobrepor-se está entre as competências que a arte da vida do século XXI exige que tenhamos, que façamos nossa e utilizemos. Preceitos e regras de comportamento diferentes, limites traçados de

Nascidos em tempos líquidos

forma diversa entre "aquilo que deveria ser feito" e "aquilo de que conviria se abster", e léxicos e códigos de comportamento – prescritos, usados, ensinados e aprendidos – diferentes, já que estamos destinados a habitar ambos os mundos, dividindo assim nossas horas, nossos dias (nossas vidas?) entre dois distintos universos, códigos comportamentais, modalidades de convivência e interação. Os seres humanos do século XXI são "de dois mundos". Eu pertenço a um dos dois, o off-line. O outro – o mundo on-line, que somos induzidos, solicitados e aliciados a construir com nossos modos e meios, valendo-nos dos instrumentos, estratagemas e expedientes fornecidos pela tecnologia informática – é com frequência apresentado enfaticamente, e com demasiada frequência experimentado, como se fosse meu. Posso ao menos em parte projetar sua forma e seus conteúdos; posso cancelar e excluir dele os fragmentos indesejados, incômodos, que me criam desconforto; posso monitorar performances e me livrar das coisas que não conseguiram satisfazer os padrões prefixados por mim.

Em resumo: on-line, à diferença do que ocorre off-line, sou eu que tenho o controle: sou o patrão, eu comando. Talvez não tenha o estofo do regente de orquestra, mas decido que música será tocada. Alguns argutos observadores

Transformações sexuais e amorosas

compararam essa sensação divina àquela que domina um garotinho deixado sozinho em uma loja de guloseimas. O problema, porém, é: que delícias aquele garotinho escolherá e das quais vai usufruir?

Aqui, caro Thomas, a opinião da maioria (de que o acesso à internet teria criado "um hábitat ideal, político e democrático", como você dizia) deparou com uma amarga decepção. O acesso à web se revelou não uma busca de maior clarividência, de horizontes mais amplos, de conhecimento sobre concepções e estilos de vida que eram ignorados, com o fim de instaurar aquele diálogo que o "hábitat democrático ideal" exige. A maior parte das pesquisas sociológicas a esse respeito mostra que a maioria dos usuários recorre à internet atraída não tanto pela oportunidade de *acesso* quanto pela de *saída*. Essa segunda oportunidade se revelou até agora mais aliciante; é amplamente usada mais para construir um refúgio que para derrubar paredes e abrir janelas; para recortar uma zona de conforto toda para si, longe da confusão do caótico e desordenado mundo da vida e dos desafios que ele apresenta ao intelecto e à tranquilidade de espírito; para prevenir a necessidade de dialogar com pessoas potencialmente irritantes e estressantes, na medida em que têm opiniões diferentes das nossas e difíceis de compreender,

Nascidos em tempos líquidos

e, por conseguinte, a necessidade de nos envolvermos num debate e corrermos o risco de sair derrotados.

Com o simples expediente de cancelar o aparecimento daquilo que não se deseja ou de bloquear o acesso de convidados indesejados, a rede permite um "esplêndido isolamento", pura e simplesmente irrealizável e inconcebível no mundo off-line (experimentem, se conseguirem, atingir o mesmo objetivo na rua, na vizinhança, no local de trabalho). Em vez de servir à causa de ampliar a quantidade e melhorar a qualidade da integração humana, da compreensão, da cooperação, da solidariedade recíprocas, a web facilitou as práticas de isolamento, separação, exclusão, inimizade e conflito.

E você tocou também num outro ponto extremamente importante: "os numerosíssimos casos de cyberbullying e difamação"... De fato, a internet oferece a qualquer pessoa um espaço livre para insinuações, maledicências, calúnias e difamações, e em geral pela mentira (como observa causticamente um ex-dignitário soviético em suas memórias, Реквием ло Родине (Réquiem para a pátria), a revolução "democrática" na Rússia "liquidou o monopólio do partido no governo sobre a mentira"). Talvez você jamais encontre sua vítima face a face (e vice-versa); bem escondido dentro

Transformações sexuais e amorosas

de uma armadura de anonimato, o risco de ser denunciado por calúnia se reduz ao mínimo.

TL: Assim, a relação "fama-web" cria um mecanismo de amplificação da própria modernidade líquida: um rico bufê superlotado de iguarias que dão água na boca. E a web é o rico bufê de delícias.

Muitas vezes a internet amplifica tanto os desejos sexuais quanto o desejo de imortalidade. Nascido há mais de 2.400 anos, Platão afirmou que o homem ficará chocado pelo comportamento de seus semelhantes se não for capaz de observar que todo homem é impregnado de amor à fama e anseia por obter a glória imortal. Para garantir essa reputação no interior da sociedade, segundo Platão, o homem pode enfrentar qualquer perigo com fúria superior até àquela que usaria para defender seus filhos.

Hoje, todos têm ao menos dez minutos de celebridade na vida: basta inserir a data de nascimento no próprio perfil do Facebook e, nesse dia, a cada ano, o usuário receberá uma infinidade de notificações públicas, que para as mulheres muitas vezes se traduzem em convites para tomar um café, enquanto para os homens significam uma ampliação das oportunidades de sedução. O que você acha disso?

Nascidos em tempos líquidos

ZB: Acho que existe outro assunto importante que você introduz com propriedade em nosso diálogo; uma novidade que, para variar, pode verdadeiramente, da melhor maneira, gerar novas oportunidades para a vida pública. Afinal, isso que você chama de "fama" é uma faca de dois gumes. As celebridades são conhecidas sobretudo por serem alvo de comentários, mas as pessoas portadoras das ideias mais benéficas também precisam fazer um nome, se quiserem que suas propostas sejam lidas, escutadas e seriamente debatidas. A internet desmantela muitas das barreiras erigidas no passado em torno dos acessos à esfera pública, barreiras que com muita frequência equivaliam a uma censura informal. O indivíduo não conseguia aparecer em público se não tivesse atraído a simpatia de uma emissora de tv; não alcançava os leitores para fazer conhecer suas ideias, por mais originais e válidas que elas fossem, se a direção de um jornal ou de uma revista sérios não aceitasse imprimi-las e divulgá-las. Essas limitações, esses severos empecilhos impostos ao acesso à esfera pública, hoje não passam de uma lembrança do passado, a julgar pelo nosso diálogo. Para o bem e para o mal.

TL: Segundo algumas pesquisas recentes de *The Wrap*, revista on-line de Hollywood, é alarmante o número de suicidas que

Transformações sexuais e amorosas

haviam participado de reality shows na TV: recentemente, foram onze os mortos desse tipo nos Estados Unidos. A revista afirma que os concorrentes não se dão conta do estresse a que se submetem sob os refletores. E as vítimas estão entre as mais insuspeitáveis: um promotor distrital, um pai solteiro, um jovem pugilista. Mas sobretudo, segundo *The Wrap*, o fenômeno não se limita aos Estados Unidos: houve suicídios ou tentativas de suicídio também na Índia, na Suécia e na Inglaterra. Segundo uma matéria recente do *New York Post*, nos Estados Unidos, seria o caso de abrir verdadeiros centros de assistência psicológica para concorrentes televisivos!

Hoje qualquer um pode se tornar famoso se for colocado no lugar certo, até uma dona de casa ou milhões de cozinheiros espalhados pelo mundo. São pessoas, todas elas, que não estão habituadas aos refletores e de repente descobrem um mal típico dos tempos modernos: a ansiedade. Susan Boyle é somente uma gota no oceano: durante a espera pela final de *Britain's Got Talent*, ela precisou ser submetida a cuidados médicos por excesso de estresse. Foi diagnosticada com uma síndrome "televisiva": o excesso de tensão que deriva do fato de a pessoa ser lançada, de uma vida até banal, a uma ribalta pública, diante de milhões de espectadores.

Tudo isso se alinha perfeitamente aos resultados de um experimento científico que nos faz refletir, realizado recentemente na Suécia, no Karolinska Institutet. Um grupo de 125 voluntários experimentou talvez o melhor remédio jamais conhecido para eliminar a ansiedade e os ataques de pânico: a invisibilidade.

Sim, o remédio consiste em convencer-se de possuir um corpo invisível em situações sociais estressantes. Graças a um capacete para a realidade virtual, os voluntários perceberam seu corpo como algo totalmente transparente. De fato, o display mostrava o espaço e os objetos circundantes, mas não o corpo da pessoa. A percepção era reforçada pelo tato: os sujeitos sentiam objetos lhes tocarem a pele, mas os viam se mover no vazio. Quando, depois, viram diante deles uma multidão virtual de pessoas que os fitavam, os voluntários que haviam interiorizado a sensação de ser invisíveis tinham frequências cardíacas e níveis de estresse mais baixos.

Na modernidade líquida, a ansiedade e a depressão aumentaram notavelmente, mas a exigência epicurista da invisibilidade está quase desaparecida. No entanto, o tratamento para esses dois males típicos da modernidade líquida poderia ser justamente a invisibilidade, aquela invisibilidade que hoje não passa da pior "doença" social moderna. Se não estiver visível na rede, você terá poucas chances de escalar a pirâmide social, mas sobretudo não terá nenhuma chance no e-commerce sentimental. Jamais foi tão sutil em nossa sociedade a relação entre sexo e amor nas pessoas mais jovens. O velho conceito de homem cortejador e mulher cortejada agora é uma miragem arcaica, quase ridícula. As novas gerações de mulheres se liberaram do papel feminino: hoje a "fêmea" é cada vez mais dominante e líder na escolha do parceiro. Muitas moças administram, sem se esconder (através da internet), sua busca sexual e a vida cotidiana à procura de amor e atenção.

Zygmunt, em sua opinião, a jovem líder de hoje reabilita o matriarcado?

ZB: Aparentemente, nem o matriarcado nem o patriarcado são sinais distintivos dos tempos atuais; na verdade, o que ocorre é uma contínua negociação e renegociação dos papéis masculinos e femininos sob o impacto da história ou da biografia, ou de ambos os papéis: papéis agora líquidos, não fixos e sobretudo nada cimentados definitivamente "na alegria e na tristeza, na riqueza e na pobreza, até que a morte nos separe". Eles estão sempre pouco à vontade em sua forma atual; e, assim, não muito confiantes na sabedoria das próprias escolhas, e inquietos, porque incertos em relação às suas alternativas e opções; a incerteza, em suma, reina soberana.

Nascidos em tempos líquidos

O que mais conta, porém, é que muitos, talvez a maior parte dos jovens de hoje, homens e mulheres, na prática prefiram que tudo seja assim, embora não verbalizem isso. Preferem o presente estado de coisas (sua flexibilidade, a perene provisoriedade e eventual possível negociação) não porque o considerem adequado (e muito menos ideal!), mas porque temem ainda mais suas alternativas. Muitas vezes, por muitos anos, repeti que existem dois valores igualmente importantes, ou melhor, indispensáveis, para uma vida digna, gratificante e nobre: segurança e liberdade. Mas a conciliação entre esses valores, a fruição de cada um em medida satisfatória e sincronizada, é árdua e cansativa. Não é possível aumentar a própria segurança sem reduzir a própria liberdade, nem aumentar a própria liberdade sem ceder um pouco da própria segurança.

TL: Desde 2009 existe um jogo da Nintendo intitulado LovePlus, que simula a experiência de amor romântico com um adolescente. Para muitos, contudo, o jogo não se limita a isso, tornou-se algo mais: é uma relação que se aproxima realmente de uma história de amor "normal". Na Europa o LovePlus não foi muito divulgado, mas no Japão, a julgar pelos números, tornou-se um best-seller na categoria. Centenas de milhares de japoneses o adquiriram e muitos deles declararam amar verdadeiramente a mulher avatar criada como "exclusiva pessoal" pelo jogo, e relataram-se satisfeitos com ela de todos os pontos de vista. Posse, poder, fusão e desencanto: o amor virtual é a arma hipermoderna do superpoder dos quatro cavaleiros do Apocalipse?

ZB: No momento em que você se apaixona, provavelmente não se contentará com uma só noite de amor: vai querer mais, muito mais. Vai querer que esse amor, essa maravilhosa dádiva da sorte, se cristalize, dure para sempre (como exclamou Fausto, exultante, inflamado de amor, à vista da realização do próprio projeto: "*Verweile doch, du bist so schön!*" [Detém-te, então! És tão belo!]). Para você já não será possível imaginar um mundo que não o contenha, nem sua vida num mundo assim. O problema é que aquele desejo de que "dure para sempre" implica, ao menos naquele momento, nada menos que uma decisão e uma promessa, ao parceiro e a si mesmo, de amor eterno. E daquele momento em diante você decide nadar contra a corrente. Afinal, contrai aquele compromisso, aquela obrigação, num mundo totalmente dedicado ao "bate e corre", a agarrar oportunidades fugazes, de breve duração

Nascidos em tempos líquidos

e eminentemente revogáveis, a saltar o fosso com pouca ou nenhuma hesitação, assim que se constata que a grama do lado de lá é mais verde que a do lado de cá. E você é uma criatura desse mundo – nele foi criado, educado, instruído, refinado, além de cotidianamente reconfirmado enquanto tal. Existe um modo de conciliar o amor "até que a morte nos separe" com a curiosidade, a vivacidade, a desenvoltura e, no conjunto, a agitação de semelhante criatura, filha de semelhante sociedade?

TL: Curiosidade e vivacidade: sabe em que me fazem pensar? No desejo. Naquele motor que por natureza o ser humano idealiza como palavra positiva, embora potencialmente destrutivo da ordem. Mas, em certo sentido, amor e desejo podem coexistir. Como você explicou, a destruição faz parte da essência mesma do desejo. O desejo é um impulso que destrói, ou melhor, um impulso de autodestruição. O amor, ao contrário, é o desejo de acudir ao objeto pelo qual se tem apego. Você definiu o amor como um impulso centrífugo, à diferença do desejo, que é centrípeto. Se o desejo quer consumir, o amor quer possuir. O amor é uma ameaça para o próprio objeto, e isso é um importante ponto em comum com o desejo. O desejo é autodestrutivo, mas a proteção que o amor tece em torno do

Transformações sexuais e amorosas

objeto amado acaba por escravizar esse objeto. O amor detém seu prisioneiro e o vigia, prende-o para protegê-lo. Em tudo isso, quanto pesa a incerteza humana?

ZB: A incerteza de que falávamos é a ruína dos laços interpessoais contemporâneos (aí incluídas, e de maneira totalmente impactante e dolorosa, as relações de amor). A incerteza está condenada a ser capturada por duas poderosas forças reciprocamente hostis, que em sua tensão permanente não podem regenerar-se e realimentar-se; parece altamente improvável que semelhante condição possa se resolver num futuro próximo. Tampouco é de espantar que seja assim e não possa ser de outro modo, considerando que ela é sempre pressionada a enfileirar seus combatentes e armamentos em duas frentes, cada qual exigindo um tipo diferente de equipamento militar. Com muita frequência, o sucesso numa frente se paga com o fracasso na outra – às vezes beirando a *débâcle*.

Como conjunção de *ignorância* (no sentido de incapacidade de prever aquilo que o[a] parceiro[a] decidirá em resposta aos meus movimentos, ou a qual estratagema, expediente, truque ou manobra pretenderá recorrer, e onde, e quando) e *impotência* (no sentido de que, se atingido

Nascidos em tempos líquidos

de repente, inadvertido e despreparado, surpreendido e confuso, arrisco-me constantemente a reagir de forma inadequada à nova situação que pode nascer daí), coroada ainda por cima pelo duro golpe desfechado contra minha autoestima pela *humilhação* de não me encontrar à altura da tarefa, a experiência do estado de incerteza tende a ter como repercussão uma tentativa de fuga da debilidade, da fragilidade, da esquizogênese e, no conjunto, da labilidade e instabilidade dos laços; e na maioria das vezes a saída – quer seja descoberta ou inventada, genuína ou suposta – se reduz a desesperadas tentativas de consolidação do vínculo. O fato de ter ficado "dolorido" pode mitigar o temor de regras férreas, de códigos de comportamento não negociáveis – e até a ainda recente aversão a promessas solenes e a longo prazo –, atenuando a oposição a comprometer-se. Ao menos por certo tempo, até que a experiência ruim do passado se dilui, se esfuma e desaparece da memória, enquanto novas experiências negativas remanejam o equilíbrio entre ganhos e perdas.

As mudanças que caracterizam a história da mentalidade e do espírito, dos tormentos pessoais e coletivos, das alternativas ideais ao statu quo e dos sonhos populares, não seguem uma linha reta; como tentei demonstrar re-

Transformações sexuais e amorosas

petidas vezes, em lugar disso elas seguem uma trajetória pendular, que oscila de modo intermitente entre os dois polos de "plena liberdade" e "plena segurança" (nenhum dos quais foi jamais alcançado, nem é provável ou plausível que o seja num futuro imaginável por nós). Em minha opinião, caro Thomas, a dialética à qual aludia há pouco, aquela de carência/excesso de segurança e liberdade, é a moldura conceitual e interpretativa mais adequada na qual a problemática sugerida por você – a da mudança das relações de poder entre homens e mulheres – deveria ser formulada e analisada.

As relações entre os sexos, empiricamente dadas além de postuladas, são hoje tão ambíguas e com tanta frequência laceradas por contradições internas (e endêmicas!) quanto os valores que elas perseguem e as condições que, segundo se deseja/se espera, tais valores deverão instaurar quando as mulheres tiverem conseguido a paridade. Termos como "patriarcado" ou "matriarcado", com seus afins (já numerosos, e ainda em crescimento), não são pertinentes; confundem mais que esclarecem.

Nos conflitos de gênero contemporâneos, o que está em jogo não é mais o poder e o domínio de um dos sexos sobre o outro. Ao feminismo interessa, sim, a paridade – de condição social, oportunidades e prestígio, autoridade e acesso aos lugares "onde se tomam as decisões e se age" –, mas seu outro fio condutor, verdadeiramente crucial, e que se espera tenha uma chance de prevalecer, é o terreno sobre o qual e pelo qual deverão ser medidos o grau de emancipação feminina e seu influxo sobre a natureza da resultante condição humana: aquele no qual às mulheres seja consentido desempenhar funções que até agora foram (na prática, e não só formalmente) reservadas aos homens, e sejam assim postos na ordem do dia o reforço e a confirmação, por parte das mulheres, da hegemonia masculina segundo as costumeiras dinâmicas de poder – ou, ao contrário, aquele de uma sociedade na qual seja realizada ao menos uma honesta tentativa de reapreciação dos valores e a retomada dos valores peculiar, tradicional e endemicamente femininos, trazidos de volta de seu exílio na área da marginalidade e da deriva.

TL: Na modernidade líquida, a sexualidade se diferencia do passado sobretudo por uma mudança dos próprios limites. Aquilo que ontem não se podia viver abertamente hoje pode ser feito, ou melhor, pode até ser sintoma de "vanguarda", de superação do "velho", de capacidade, de inteligência. Jean Piaget falava da inteligência como aquela capacidade que o ser

Transformações sexuais e amorosas

humano tem de se adaptar ao ambiente, tanto o social quanto o físico. Quanto mais você está "adaptado", mais inteligente é para os outros. Na vida moderna, todo recinto amplia sempre os próprios limites, e definir quais são hoje os limites sexuais torna-se cada vez mais difícil. Penso no grande Lévi-Strauss: "O nascimento da cultura coincide com a proibição do incesto". Essa frase parece sugerir: "Fisicamente (tecnicamente) você pode fazer isso, mas sabe que não deve fazê-lo!". Quanto mais o tempo passa, menos limites sexuais existem, sobretudo para os mais jovens – inclusive, nas redes sociais, assistimos a elogios cotidianos da própria liberdade sexual. Hoje ainda existe algum limite à sexualidade? No futuro será abolido inclusive o limite do incesto?

ZB: Quanto ao nexo entre capacidade de adaptação e inteligência, eu não teria tanta certeza quanto você – e isso vale para a totalidade do contexto social, e não só para o âmbito dos costumes sexuais. Todas as mudanças socioculturais são produzidas por um mecanismo de "destruição criadora" que comporta, necessariamente, adaptação e rebelião: a assimilação/adaptação que se segue à penetração/ recusa (se lhe interessar aprofundar a exploração da lógica e do funcionamento desse mecanismo, eu o aconselharia a observar longa e atentamente as obras de Gustav Metzger, que em minha opinião conseguiu, melhor que qualquer outro artista, captar, sintetizar e representar de forma sucinta a substância daquela que é por ele definida como "arte autodestrutiva").

A cultura, na fase contemporânea de sua história, tende para seu lado destrutivo – ou seja, para privilegiar o elemento destrutivo da criação – com a intenção de mostrar e enfatizar a mutabilidade, a fragilidade, a endêmica instabilidade e transitoriedade e a brevidade da expectativa de vida de todos os produtos culturais. Cada vez mais os impulsos e estímulos da criatividade se exteriorizam na busca e na descoberta de novos objetos de destruição e novos limites a transgredir. Mas a quantidade dos objetos passíveis de destruição e dos limites ainda suscetíveis de transgressão, sendo, por natureza, limitada, mais cedo ou mais tarde tende a se esgotar. Você parece subentender que estar na vanguarda consiste hoje em ocupar-se – a excogitar/inventar/imaginar novos alvos para a obra de destruição, em vez de limitar-se àqueles que permaneceram intactos até agora.

Contudo, a ideia de utilizar o conceito de vanguarda, próprio do contexto das artes contemporâneas, me parece bastante dúbia e desaconselhável. Historicamente, o

Transformações sexuais e amorosas

conceito de vanguarda já caducou: aquela metáfora inspirada na prática militar sugeria a imagem de uma ala relativamente pequena que explorava o território prestes a se tornar o próximo alvo de conquista do exército inteiro; trata-se – por definição – do destacamento de "limpeza do território" destinado a ser seguido pelo grosso das tropas, e a fazer com que isso seja possível. Hoje ninguém vaticina (nem deseja, promove ou mesmo considera apenas plausível) uma mimese tão intensa de qualquer dos atuais e futuros estilos artísticos. Já não são plausíveis nem vanguardas nem escolas artísticas. Em nossa sociedade fortemente individualizada, espera-se que os artistas sejam uma *one man* (ou *woman*) *band*.

Lévi-Strauss considerava a proibição do incesto a certidão de nascimento da cultura na medida em que situava nela o primeiro caso de superposição de distinções ideadas pelo homem sobre as naturais identidades/diferenças entre seres humanos. Ele definia a cultura como um contínuo processo de *estruturação*, o cruzamento entre diferenciação do homogêneo e homogeneização do diferenciado, regulado por um duplo arsenal de prescrições e tabus. Aliás, é curioso que o mais antigo tabu da história da oposição--cooperação natureza/cultura tenha se revelado também o mais resistente a morrer. Por acaso você encontrou alguma explicação convincente para semelhante e excepcional poder de resistência, a ponto de originar semelhante e excepcional longevidade?

TL: Obviamente não conheço tabu tão duradouro quanto o do incesto. Portanto, o maior tabu da história estaria destinado a perdurar até no futuro da liquidez. E isso é um achado, algo de sólido num contexto no qual os limites são por natureza orgulhosamente líquidos, flexíveis. Enquanto eu escrevia a palavra "flexível", meu cérebro recuperou de imediato um *esquema* que, ao se tornar *percepto* (utilizo esse termo técnico para evidenciar a subjetividade da visão dele e diferenciá-lo totalmente do *estímulo distal*), revelou um paralelismo que somente alguém nascido na liquidez pode compartilhar comigo em sua instantaneidade de acesso. Penso no lema "flexibilidade" e vejo escrita a palavra "trabalho". Não por acaso, também o estudo do trabalho – penso no desenvolvimento moderno da psicologia do trabalho – mudou completamente: agora é fundamental compreender e avaliar de imediato o *gap* entre os saberes formalizados (os escolares) e os concretos.

O que está emergindo no plano global é uma difusão maior dos saberes formalizados (o nível de instrução é deci-

Transformações sexuais e amorosas

didamente mais alto em relação ao passado); mas a formalização dos saberes não vai *pari passu* com a capacidade, com a arte de saber gerir o concreto, transformando em prática cotidiana o saber formalizado. Chamo-a de arte (provavelmente atraindo algumas críticas) porque é uma capacidade subjetiva e ao mesmo tempo criativa, conscientemente criativa e muito difícil de se reproduzir com exatidão entre indivíduos diversos. Portanto, do ponto de vista do trabalho, há muitos indivíduos com competências formais elevadas, mas que esperam dos outros a possibilidade de obter uma ocupação como ocorria no passado – em específico na modernidade sólida, que podemos, como orientação, situar em uma centena de anos atrás – para quem tinha competências formais inferiores. A consequência é um excesso de demanda "desresponsabilizada" de trabalho (agora que estudei tanto, mereço um emprego bem remunerado, diga-me o que devo fazer e quantas horas devo trabalhar por dia, e eu o farei) que está em antítese com a exigência principal do atual mundo do trabalho: a flexibilidade.

Nossa época líquida pede somente um requisito a nós nascidos em tempos líquidos: que sejamos especialistas em flexibilidade. E nossos saberes formalizados, para serem verdadeiramente úteis em matéria de trabalho, devem estar

Nascidos em tempos líquidos

orientados nessa direção. Mas, em termos genéricos, a flexibilidade laboral está em total divergência com os jovens de hoje, porque exige uma forte responsabilização: do trabalho como meio para se ter uma vida próspera e para se sustentar passou-se ao trabalho como meio para encontrar outro trabalho, talvez com remuneração melhor. E a busca da vida próspera através do trabalho, já não tendo um ponto de referência sólido como a estabilidade, se torna cada vez mais uma miragem periférica.

Hoje a vida profissional prolífica está baseada principalmente em competências mobilizadas, aquelas que, mais que quaisquer outras, servem para enfrentar situações de novidade. Para o nascido na liquidez, acompanhar essas transformações não é somente complicado como também considerado injusto, porque proposto como estilo de vida sobretudo por quem tem um emprego fixo, bem remunerado e, portanto, típico da modernidade sólida. O que tudo isso tem a ver com a sexualidade na modernidade líquida? Tem muito a ver. Porque, se os nascidos em tempos líquidos ainda não se adequaram aos grandes números exigidos pela flexibilidade laboral, também é verdade que eles se tornaram (em grande número) profissionais da flexibilidade

Transformações sexuais e amorosas

sexual. O amor sólido raciocinava em termos de amor eterno (embora estejamos cientes de quanto é lábil uma promessa, depois de vinte anos), o amor líquido raciocina daqui até as próximas "eternas" 24 horas.

Pensando sempre no plano dos grandes números, hoje o contrato psicológico entre os parceiros, ou seja, aquele implícito, que funde num núcleo mínimo expectativas e esperas recíprocas, está mudando completamente em relação ao passado. "Permita-me ser flexível, deixe-me livre para ir embora e eu serei ainda mais sincero e livre para voltar para você." Essa mudança não aconteceu em tempos curtíssimos...

Zygmunt, você acha que a flexibilidade laboral pode se transformar com eficácia para os nascidos em tempos líquidos? Poderão, também eles, ficar satisfeitos com o próprio trabalho flexível? Ou, ao contrário, estão destinados a ser trabalhadores infelizes? O amor flexível está no DNA do ser humano? Eu penso na poligamia: há centenas de anos, muitos cientistas vêm argumentando que o ser humano nasceu polígamo. Se isso for verdade, o amor líquido é um retorno às origens da sexualidade humana?

· Posfácio ·

A última lição

"O que será que Zygmunt me escreveu hoje?", era meu pensamento recorrente todas as manhãs. Parece incrível, mas é verdade. Ele tão madrugador, mas também notívago: entre sete e oito da manhã era o momento mais provável de chegarem seus comentários às reflexões e perguntas que eu lhe enviava em plena noite. Mas às vezes ele me surpreendia: eu podia lhe escrever às duas da madrugada e receber resposta menos de meia hora depois.

Foram meses inesquecíveis, pelos quais serei para sempre agradecido a ele e a toda a sua família: o professor Zygmunt Bauman me presenteou com algo impossível de retribuir, único, o enésimo ensinamento de uma vida extraordinária.

Estas talvez sejam as palavras mais difíceis que algum dia escrevi, porque relembrar o que senti em 9 de janeiro de

2017, exatamente quando olhava a prateleira de congelados num supermercado, é algo tão doloroso que mereceria um recalque freudiano. Fazia alguns dias que eu já não recebia mensagens dele. Na última mensagem que me enviou, ele me perguntava quanto, em minha opinião, deveria ainda escrever para concluir o último capítulo do nosso livro. Ele, o maior, perguntando a mim, um fedelho, quanto devia escrever. A grandeza desse homem só era comparável à sua humildade. Até seus últimos dias nesta terra, ele viveu para sua missão: fazer-nos conhecer o mundo. Sim, ele literalmente adotou as gerações seguintes às suas e tomou-as pela mão, a fim de ajudá-las a conhecer e interpretar verdadeiramente o mundo.

Zygmunt Bauman tinha um dom extraordinário: ensinou-nos um método de análise e viveu para construir instrumentos que permitissem compreender onde nos encontramos e para onde iremos.

Pouco antes de seu desaparecimento, ele me escreveu: "Este livro estará sobre seus ombros, deve ficar bonito e genuíno como você me prometeu". Quando li aquela mensagem, pensei estar sendo repreendido por ainda não ter lhe enviado o texto passado a limpo. Fiz isso de imediato. Uma hora depois ele recebia por inteiro tudo o que havíamos escrito juntos até aquele dia. Zygmunt não voltou ao assunto, e só depois, só naquele dia, diante da prateleira de congela-

Posfácio

dos, entendi o que ele verdadeiramente pretendia. Ele havia compreendido aquilo que eu não podia e realmente não queria compreender. O que Zygmunt me pedira era um livro simbiótico: nossos sessenta anos exatos de diferença no registro civil deviam superar o limite imposto pela modernidade e traçar uma união eficaz entre descontinuidade (eu) e continuidade (ele). Ele havia insistido nesse ponto.

Um dos autores que o professor Bauman gostava de citar com mais frequência, recentemente, é José Ortega y Gasset, suas teorias sobre o "devir". Ortega y Gasset argumenta limpidamente que o problema não se situa tanto nas diferenças entre as gerações. O ponto crucial não é o fato de as gerações serem diferentes umas das outras: é sua coabitação simultânea no mesmo mundo. Sobretudo, ele nos recorda que as gerações se definem em relação à existência recíproca. Para Hans Jonas, a consciência de ser mortal torna importante o tempo que a pessoa vive. E podemos afirmar sermos os únicos viventes que têm essa consciência de maneira tão declaradamente exaustiva. Mas ter essa consciência é de fato um bem? O mesmo Jonas respondeu:

Estou na plenitude de minhas faculdades intelectivas, posso pensar, interessar-me pelas coisas, ler livros, ler o que os outros dizem, falar com eles, mas, com o passar dos anos, entendo cada vez menos a poesia moderna, e a música contemporânea não me dá grande prazer; simplesmente não aceito outras experiências. Tampouco me sinto completo, mas incomoda-me fazer outras coisas. Os jovens que me circundam não estão sobrecarregados pelo peso das experiências passadas como eu estou.

Em suma, para Jonas o transcorrer do tempo dá autoridade aos hábitos ainda não enraizados. E os jovens não podem, por natureza, criar hábitos enraizados pelo peso do tempo. A relação entre as gerações, portanto, é resumível num problema de continuidade e descontinuidade. E é justamente essa relação, para o professor Bauman, que gera o presente e gerará o futuro.

Durante sua extraordinária existência, Zygmunt Bauman reiterou que, se temos o progresso, se temos a história, é graças à dialética entre continuidade e descontinuidade. Não se pode falar dos anciãos a não ser em oposição aos jovens: pais/filhos, professores/alunos se definem reciprocamente graças à relação de interdependência. Todos nós estamos passando ou já passamos por alguma dessas definições dicotômicas.

Posfácio

Mas na *modernidade líquida* tudo mudou. Cada um de nós, no palco da contemporaneidade, está ciente da impotência dos instrumentos que possui. Somos atores do grande teatro do mundo, mas quando os refletores estão todos em nós a agnosia ideativa nos atinge como um soco.

Se, no tempo em que Bauman cresceu, a tese da racionalidade instrumental de Max Weber era a melhor representação da realidade – porque os objetivos a alcançar eram claros, era preciso encontrar os meios adequados para realizá-los –, hoje, na melhor das hipóteses, os *nascidos em tempos líquidos* têm somente os meios. Alguns recursos, algumas competências, algumas habilidades. Mas, no nível inconsciente, cada um pode apenas se perguntar constantemente: afinal, o que posso fazer com tudo isso?

Zygmunt Bauman o sabia bem. E sabia que a proliferação da luta geracional não passa de um engano.

Acho que era esse o motivo que o impeliu a escolher uma pessoa como eu para ministrar a última lição de sua vida. Acho que essa é a razão pela qual ele decidiu trabalhar neste breve livro com tanta paixão e devotamento.

THOMAS LEONCINI

1ª EDIÇÃO [2018] 4 reimpressões
2ª EDIÇÃO [2025]

ESTA OBRA FOI COMPOSTA POR CATHARINE RODRIGUES EM
AVENIR E ADOBE GARAMOND PRO E IMPRESSA EM OFSETE PELA
GRÁFICA PAYM SOBRE PAPEL PÓLEN BOLD DA SUZANO S.A.
PARA A EDITORA SCHWARCZ EM MARÇO DE 2025

A marca FSC® é a garantia de que a madeira utilizada na fabricação do papel deste livro provém de florestas que foram gerenciadas de maneira ambientalmente correta, socialmente justa e economicamente viável, além de outras fontes de origem controlada.